SCIENCE OF A BREAKING BALL

変化球を

科学する

「曲がるボール」のメカニズム

筑波大学体育系准教授
博士（コーチング学）
著 川村卓

アスレティックトレーナー
井脇毅

日東書院

はじめに
prologue

メジャーリーグで二刀流として旋風を巻き起こしている大谷翔平選手ですが、彼が投じている変化球「スイーパー」が新球種としてMLBに認定されました。これまで変化球をはじめとする野球の様々な研究を行ってきた私としては、非常に興味深い出来事の１つです。

本書では変化球について様々な研究結果に基づいた、これまでとは異なる切り口で述べています。なかでも大きな違いの１つは、近年進化した投球計測機器を用いた球質を測ることにあります。

詳しくは本文で述べますが、球質を計測できるようになったことや縫い目に対する指の掛け方がスロー映像で見られるようになり、変化球がより具体的かつ客観的に分析できるようになりました。このことによって、以前よりも進化した変化球の習得ができる時代になったのです。これまではどうしても個々のピッチャーの感覚によるところが大きく、変化球の習得には長時間の試行錯誤が必要でした。ところが現在はより効率よく、質の高い変化球の習得ができるようになっています。SNSなどで現役選手たちがボールの握り方や投げ方を公開するようになり、より深く変化球を知れるようになったことも大きな変化です。

その一方で、配球として変化球を効果的に使えているかというと、そうではない場合も少なくありません。ピッチャーは一人ひとり投げ方に特徴があり、その特徴である自分の球質を知ることで習得しやすい変化球や、その変化球を用いた効果的なピッチングができるようになります。

本書では変化球の投げ方の習得法だけでなく配球や自分に合った変化球の見つけ方も紹介しています。これからは今まで以上に選手一人ひとりが変化球を研究し、効果的に使うことが求められます。そのようなピッチャーに成長する１つのヒントとして、ぜひ本書を活用してください。

筑波大学体育系准教授・博士（コーチング学）　川村 卓

変化球を科学する 「曲がるボール」のメカニズム

目次

第4章 最新研究による変化球の習得方法

第5章 変化球を投げるための土台を作る

第1章

データで見る変化球の正体

変化球の分類

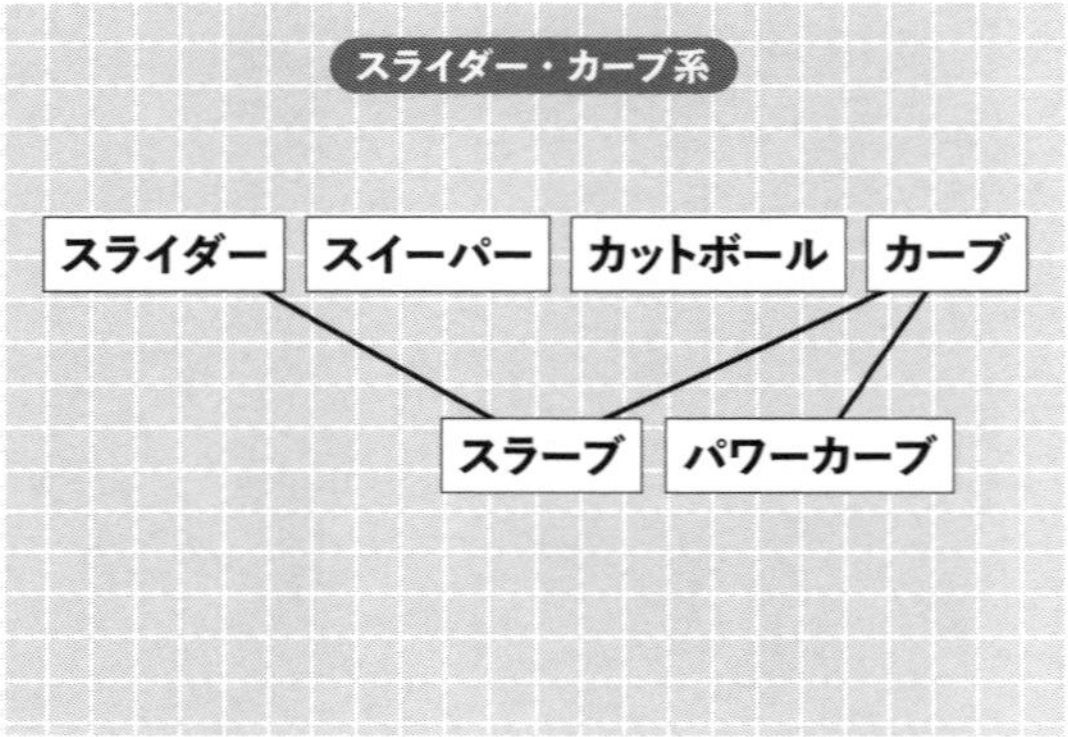

利き腕と反対側に変化をしたり、落下しながら変化する

大きく2系統に分けられる

大谷翔平選手が投じて話題になっている「スイーパー」、千賀滉大投手や大瀬良大地投手が得意としている「スラッター（スイーパー）」、「スラーブ」など変化球は年々名称が増えています。一説によると20種類とも30種類とも言われるくらいです。とはいえ変化する方向はある程度決まってきますので、まずは変化球を分類することで整理したいと思います。私が考える変化球とは大きく2つに分類できます。それが上の図です。

まずはスライダー・カーブ系で、利き腕と逆方向に変化したり、落下しながら変化する系統です。ここには「スライダー」「カットボール」「カーブ」などが当てはまり

変化の方向や回転数で、「スライダー・カーブ系」「チェンジアップ系」に分類できる

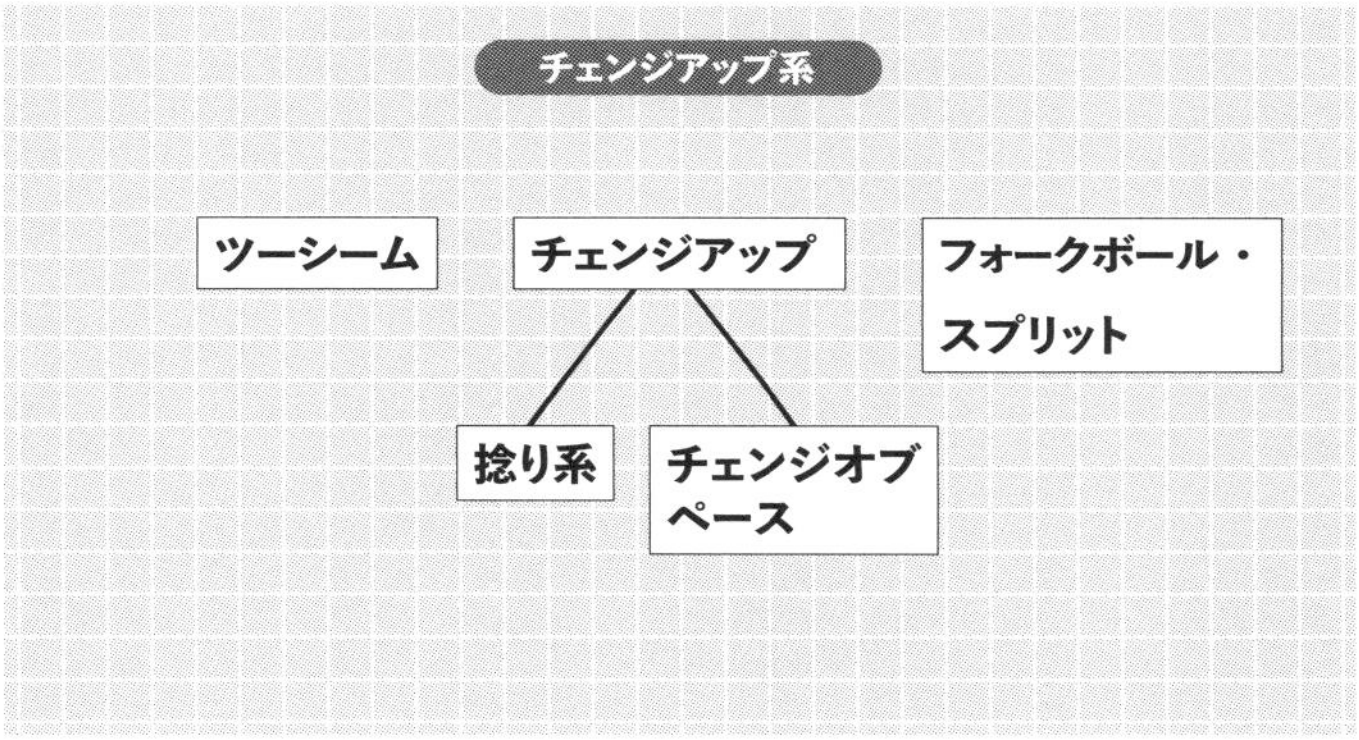

回転数が少ない落ちる系の変化球

ます。そしてカーブはさらに「スラーブ（カーブ＋スライダー）」「パワーカーブ（高速カーブ）」「スローカーブ」などに分かれます。ちなみに冒頭で紹介した「スイーパー」はスライダーとカットボールの中間球になります。

もう1つはチェンジアップ系（落ちる系）で、回転数が少ないという共通点があります。回転数が少ないため、重力によって落下したり、腕は振っているのにボールが来ないといった変化が起こります。ここには「ツーシーム」「捻る投げ方のチェンジアップ（捻り系）」「チェンジオブペースのチェンジアップ」「フォークボール」「スプリット」などが当てはまります。ちなみに千賀投手が投げる「お化けフォーク」はジャイロフォークという近年最もポピュラーになりつつある球種です。また石川柊太投手が投げる「サイドスピンフォーク」は落下よりも真横に変化する球種になります。

バックスピンとは

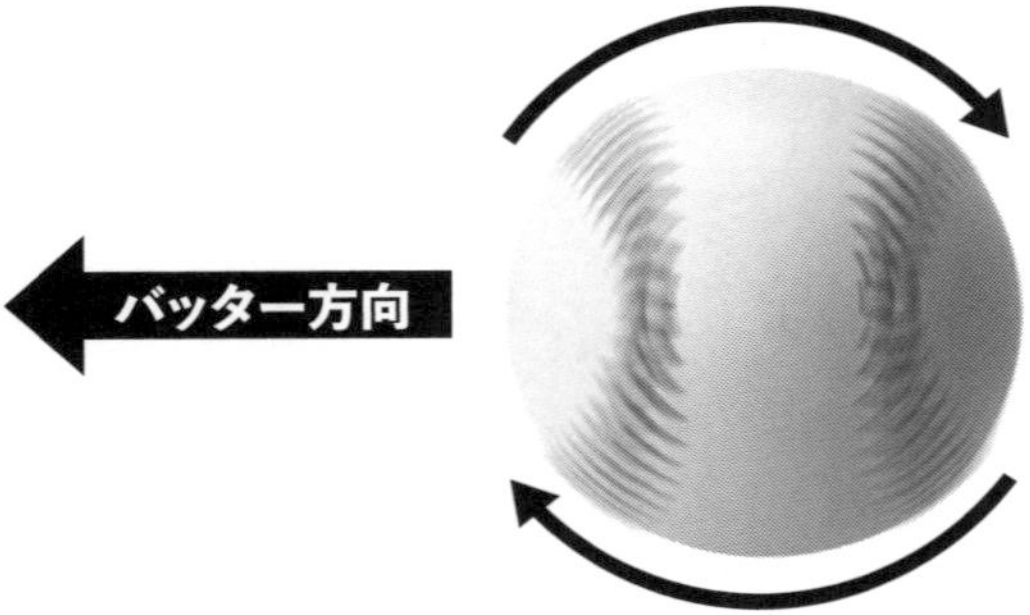

ピッチャーが投げるボールは、キャッチャーに近づくにつれて少しずつ落下する。これは当たり前のことだが、バッターが予測する以上に落ちない（浮き上がって見える）ボールがある。この現象と密接するのがバックスピンである

バックスピンの成分が多い球種が真っすぐ

変化球を活かすためにはキレがある真っすぐ（ストレート）が必要ですし、真っすぐは「バックスピンが効いた変化球」と捉えることもできます。そのため、まずはよい真っすぐについて説明します。

簡単に言うと、投球されたボールにバックスピンの成分がかかった球種が真っすぐになります。ボールにかかる回転には、バックスピンのほかにサイドスピンやトップスピン、ジャイロスピンなどがあります。つまり真っすぐには純粋にバックスピンだけがかかっているのではなく、「まっスラ」と呼ばれるスライド回転がかかった真っすぐ

※1 投球計測用の機器である「PITCHING 2.0」や打球計測用の機器である「HITTING 2.0」など多くのデータトラッキングシステムを販売しているブランド名。本書では便宜上、ラプソードと記述する。本書で掲載している数値はMLB右投手の球種ごとの平均値である。

ボールにかかる回転の種類

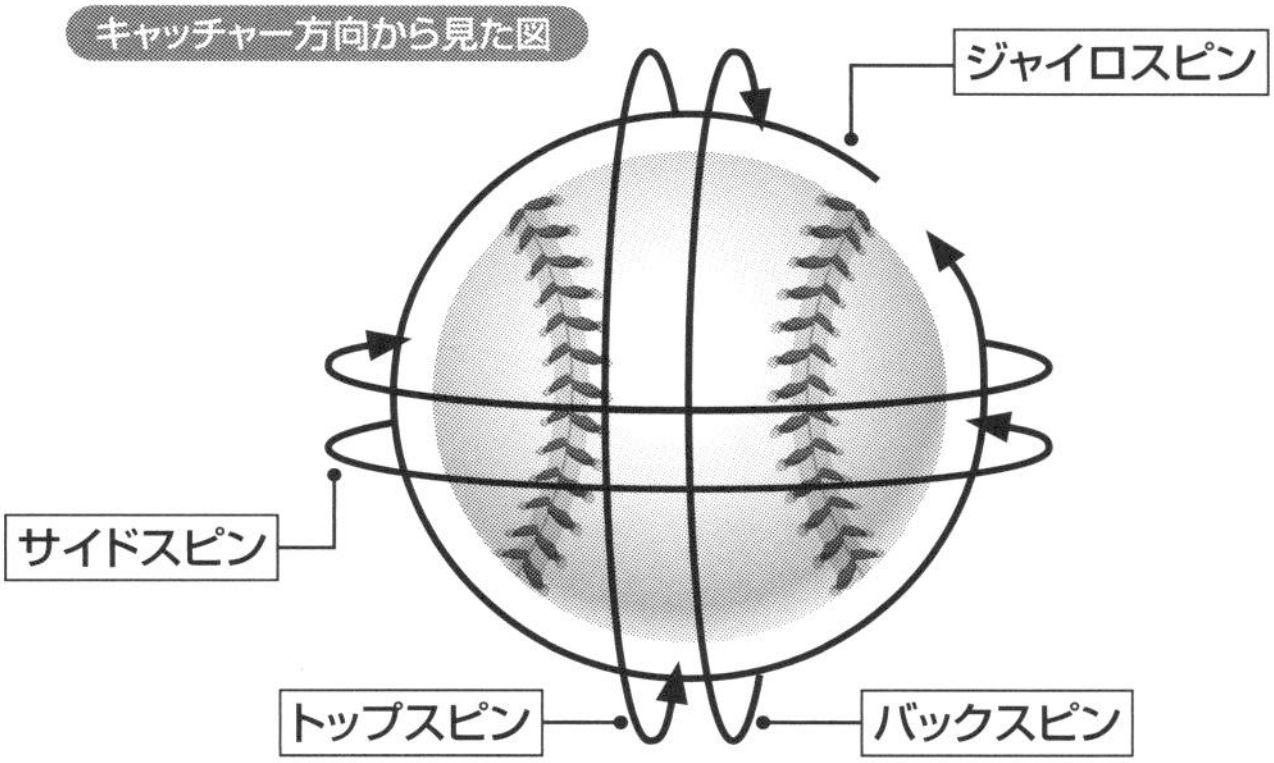

ボールにはこれらの回転がかかる。どれか1つの回転だけがかかることはなく、どの回転の成分が多いかによって、変化する方向や変化の仕方が変わる

や、シュート回転している真っすぐも存在します。

そのなかでも、バックスピンの成分が極端に多いボールがよい真っすぐと言えるのです（完全なバックスピンのみがかかったボールはあり得ません）。

もう少し言えば、よい真っすぐというのはホップしているように見える変化球でもあります。まったく変化しないボールはありません。見た目はボールに回転がかかっており、ピッチャーやバッターから見たときに、上方向に向かって変化する球種が、ある意味真っすぐの定義とも言えます。

なお、野手が投げるボールは横や斜めから投げるためにシュート成分（右バッターから見て1塁方向への回転）が多くかかっており、ピッチャーの投げる真っすぐとは少し異なります。次ページから、「ラプソード」（※1）や「テクニカルピッチ」（※2）といった機器のデータを用いて詳しく説明していきます。

※2 ボールの中心部に9軸センサーを内蔵したIoT製品であり、投球データをスマートフォンに転送することで「球速、回転数、回転軸、球種、変化量、腕の振りの強さ」が計測できる。本書で掲載している数値は大学日本代表選手など大学生選手で計測した数値となる。

スライダー・カットボール

ボールの軌道

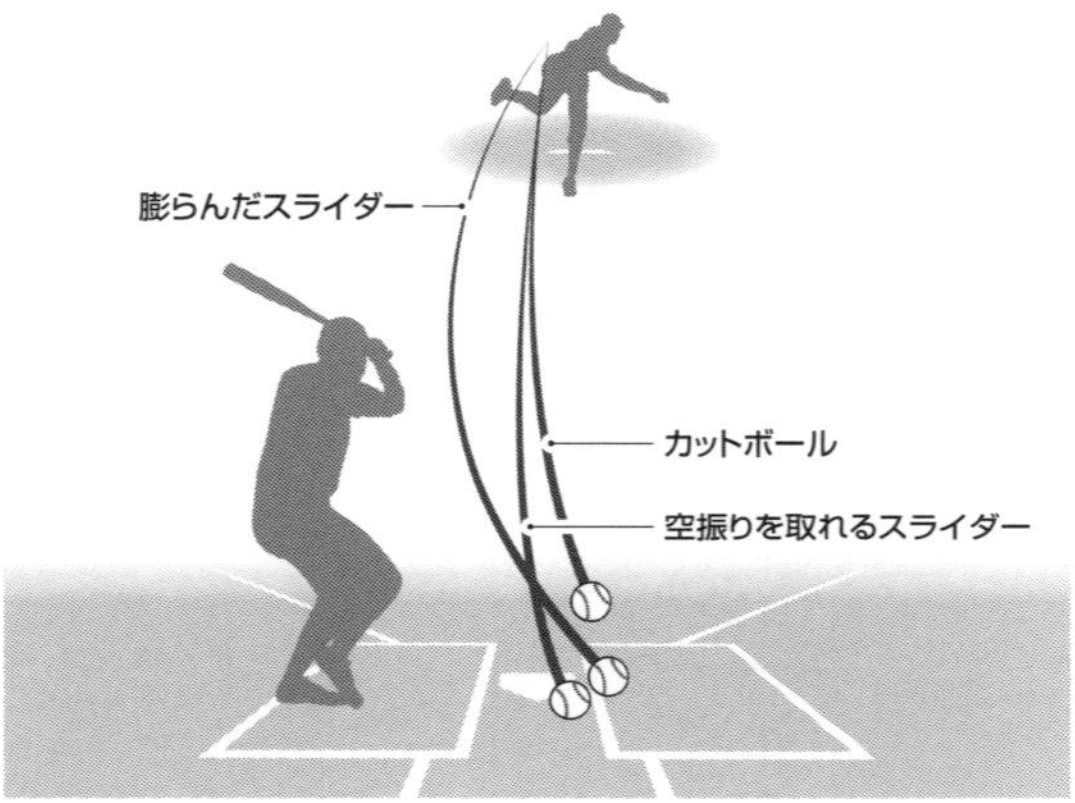

横に滑りながら落ちる軌道

スライダーとカットボールは見分けが難しい面もありますが、基本的には横に曲がる球種です。そのうえでスライダーはジャイロ成分が大きく、横に滑りながら落ちる軌道を描き、カットボールは横滑りしながら少しホップするように見える（実際にはあり得ないが）軌道を描きます。

近年の多くのピッチャーが投じるスライダーは空振りを狙う球種で、バッターからすると、身体から遠ざかるように曲がって落ちます。特にスライドしながら膝下辺りに落ちるような軌道が有効です。ただし、早めに大きく曲がってしまうと真っすぐと比較して球速がないため、

スライダーとカットボールDATA

[ラプソードのDATA]

	球速 (km/h)	回転数 (RPM)	回転効率	縦の変化量 (※) (cm)	横の変化量 (※)(cm)
スライダー	131.2	2238.0	42%	12.1	-2.7
カットボール	137.0	2217.0	63%	28.1	5.6

※スライド成分に対してシュート成分など反対方向の値はマイナスで表される

[テクニカルピッチのDATA]

スライダー

	球速	回転数
平均	118.8	2302.4
最大値	128.0	2885.0
最小値	105.0	1797.0

カットボール

	球速	回転数
平均	125.2	2342.1
最大値	135.5	2625.0
最小値	118.3	2120.0

スライダーは横滑りしながら落ちるスライド成分とドロップ成分が強く、カットボールは真っすぐに少しスライド成分が加わった球種になる

バッターにすれば見極めやすくなってしまいます。カウントを取りにいく場合には多少膨らむような軌道を描いてもよいのですが、基本的には真っすぐと15km/hくらいの球速差が、スライダーの適正な球速になります。

またカットボールですが、真っすぐと同じような軌道から少しだけ曲がります。そのため右ピッチャー対左バッターや左ピッチャー対右バッターの場合は、バッターが振り出した方向に食い込むため、打球がつまったり前でさばいてしまって凡ゴロや空振りをすることが多くなります。その反面、右ピッチャー対右バッターや左ピッチャー対左バッターの場合には、少しだけ変化した結果、真っすぐの差が生まれにくくなり、芯で捉えられてしまうことがあります。そのため、右対右や左対左でカットボールを投げることの是非は、よく議論されるくらい使いどころが難しいと言えます。

※ 縦の変化量には右ピッチャーから見て、上方向のホップ成分と下方向のドロップ成分、横の変化量には右ピッチャーから見て、右バッターに食い込むシュート成分(プラス)と右バッターから離れていくスライド成分(マイナス)がある

カーブ

ボールの軌道

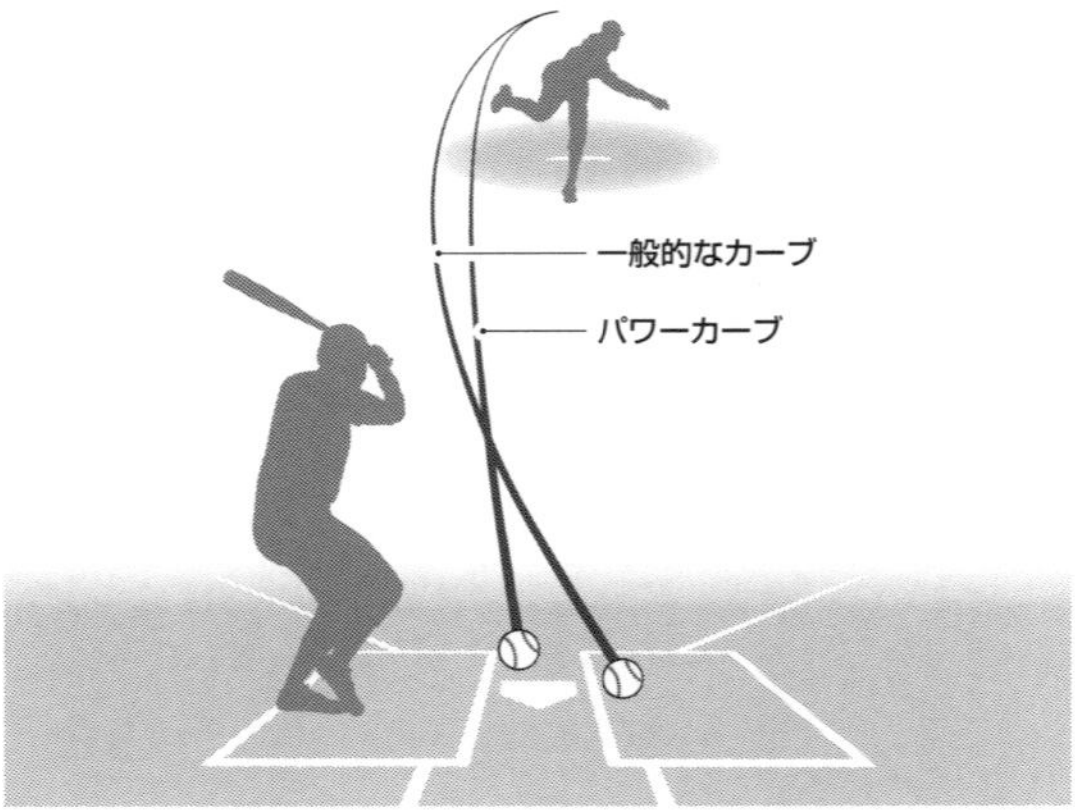

縦や横に大きく変化する軌道

　カーブはスライド成分とドロップ成分が多い変化球になります。特徴としては真っすぐとの球速差があることにより、バッターにとってはタイミングが非常に取りにくくなる球種です。カーブの使い方は非常に難しいのですが、配球を組み立てるうえでのアクセントとして使うことが多いでしょう。つまりバッターが予測していないところに、変化をする球速の遅いボールを投げることで見逃しや打ち損じを狙うのです。カーブはボールに対してどのように縦の回転を生み出すかがポイントであり、ピッチャーの投げる角度や肘の使い方に依存する部分が多くなります。具体的な習得方法は第４章で紹介します

カーブDATA

［ラプソードのDATA］

	球速(km/h)	回転数(RPM)	回転効率	縦の変化量(cm)	横の変化量(cm)
カーブ	124.7	2238.0	60%	-8.2	-7.6

［テクニカルピッチのDATA］

カーブ

	球速	回転数
平均	103.6	2253.8
最大値	112.5	2868.0
最小値	95.0	1814.0

スライダー以上にスライド成分とドロップ成分が多くなるが、その分球速は遅くなる

が、肘を鋭角に使えるか否かが重要な要素と言えます。

また投じるピッチャーは少ないのですが、山本由伸投手が投げるような球速が速くて変化の鋭い「パワーカーブ」と呼ばれるボールはトップスピンが多くかかっているため、バッターの手元で急激に落ちます。そのため、空振りを狙える変化球になります。以前はドロップと呼んでいた変化球でもあります。この変化を生み出すためには親指ができるだけボールにくっついた状態で投じることが必要で、そのためには肘の使い方が重要になります。

カーブには、「スラーブ」と呼ばれる変化もあります。これはカーブとスライダーの中間といえる球種で、カーブよりもやや低めで山なりの軌道から、スライダーに近い斜め下方向に曲がります。スライダーと比べて球速がないため、縦方向の変化が大きくなります。

チェンジアップ系

ボールの軌道

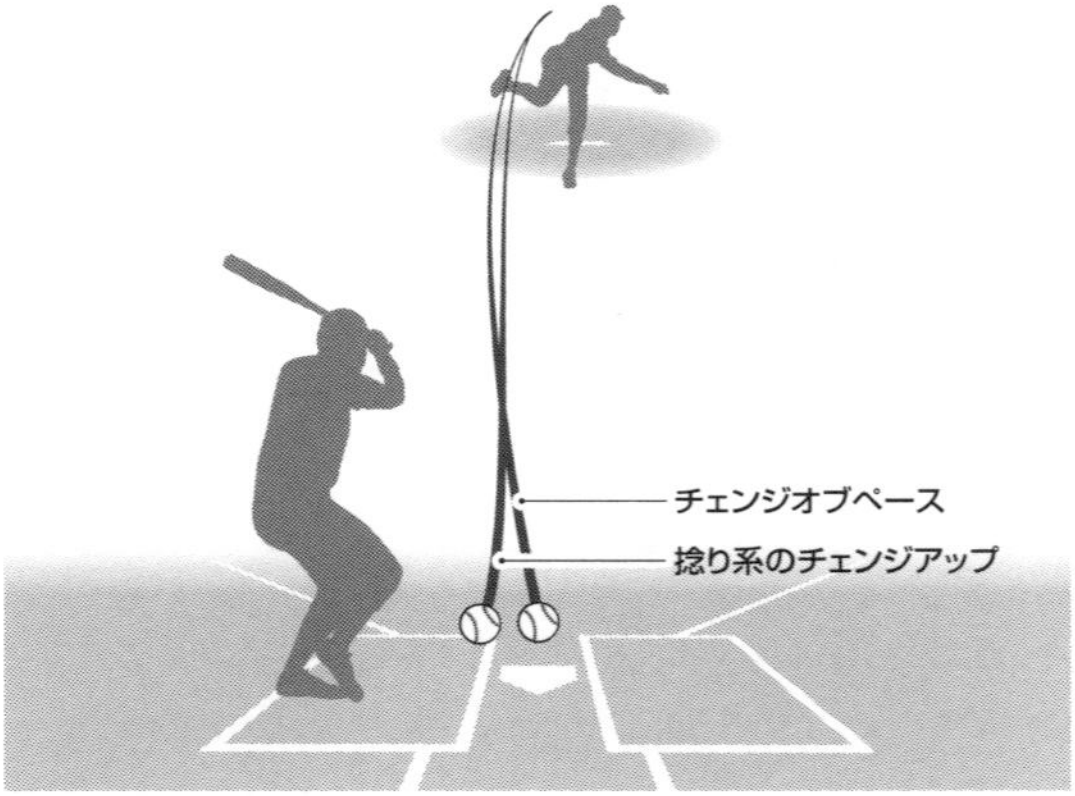

落ちる系のボールの総称

10ページで紹介したように、落ちる系の球種の総称がチェンジアップ系だと考えています。つまりツーシームやフォークボール、チェンジアップもこの総称に当てはまります。少しややこしいかもしれませんが、そのうえでチェンジアップという球種を紹介します。

チェンジアップは基本的に、捻り系（シンカー）とチェンジオブペースに分けられます。捻り系は真っすぐと同じ軌道で進み、バッターの手元でボールが落ちる軌道を描きます。いわゆる打ち損じや空振りを狙う球種です。

また、チェンジオブペースは真っすぐと同じ腕の振りをしているのに「ボールが来ない」、つまり、真っすぐと

チェンジアップDATA

[ラプソードのDATA]

	球速(km/h)	回転数(RPM)	回転効率	縦の変化量(cm)	横の変化量(cm)
チェンジアップ	133.1	1773.0	91%	27.0	27.3

[テクニカルピッチのDATA]

チェンジアップ

	球速	回転数
平均	114.9	1344.2
最大値	124.5	1747.0
最小値	101.0	946.0

球速が遅く、ドロップ成分が大きい。また、横の回転を加えることで左右に変化させることもできる

の球速差が約15～25km/hと大きくなるため、バッターのタイミングを外すことができる球種になります。OKボールと呼ばれるように指でOKを作って投げるため、縫い目に指を引っかけるのではなく、抜くような投げ方をします。

それによって意図的にボールに力が伝わらないようにすると、真っすぐと比べて回転数が少なくなり(※)、減速しながらバッターの手元で沈むような軌道を描きます。また横の回転が加わることで、左右に曲がりながら沈むといった変化も起こります。

なお、真っすぐと同じ投げ方から抜くように投げるため、肩や肘への負担が少なくなります。つまり、回転をかけるような変化球と比べて無理な投げ方をしないのです。そのため、近年は最初に覚える変化球とされることもあるくらいです。

※ プロ野球のピッチャーの真っすぐの平均は2200～2300回転、優れたピッチャーになると2500～2700回転になる

ツーシーム

ボールの軌道

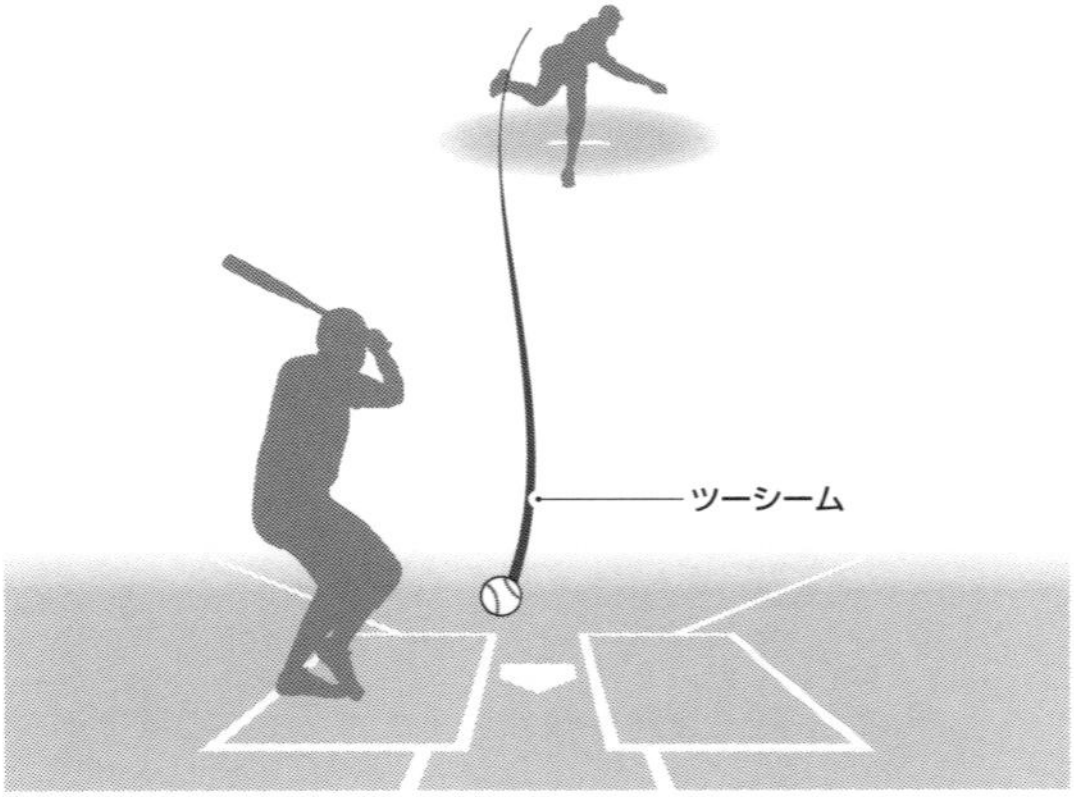

バッターの手元で変化する軌道

ツーシームは利き腕の方向に曲がりながら少しだけ落ちる球種で、バッターの手元でずれることが特徴です。真っすぐ（フォーシーム）に対して回転軸をずらして投げるため、不規則な回転がかかったボールになります。その結果バッターの手元で変化するため、バットの芯を外して凡打に打ち取ることを狙う球種です。

本来であれば握りだけを変えて真っすぐと同じように投じればよいのですが、「曲げたい」という気持ちが強くなると肘や手首の捻りを加えて投げようとします。リリースするポイントが身体から離れてしまうため、バッターの頭のほうにボールがいってしまいます。それを防ぐ

ツーシームDATA

［ラプソードのDATA］

	球速 (km/h)	回転数 (RPM)	回転効率	縦の変化量 (cm)	横の変化量 (cm)
ツーシーム	141.3	2058.0	91%	32.0	25.2

シュート成分とドロップ成分が大きい。バッターの手元で変化することが特徴

［テクニカルピッチはDATAなし］

ためには身体をずらして腕を伸ばした状態で投じる、いわゆる「アーム系」の投げ方になってしまいます。

アーム系で投げると球速が速くなるため、メリットばかりが注目されているように思います。ところがアーム系には、ボールの出所が見えやすく、肘や手首が使いにくくなるというデメリットがあります。さらに本書でも何度か述べますが、よいスライダーを投げているピッチャーが大きな曲がりのツーシームを投げようとすると、スライダーの変化に悪影響が出てしまいます。

山本昌氏は以前「スライダーやカットボール、ツーシームというのは真っすぐに悪影響を及ぼす可能性があるので、身体ができてフォームが固まった人でないと投げてはいけません」と話していました。ツーシームの習得には十分に注意する必要があります。

フォークボール・スプリット

ボールの軌道

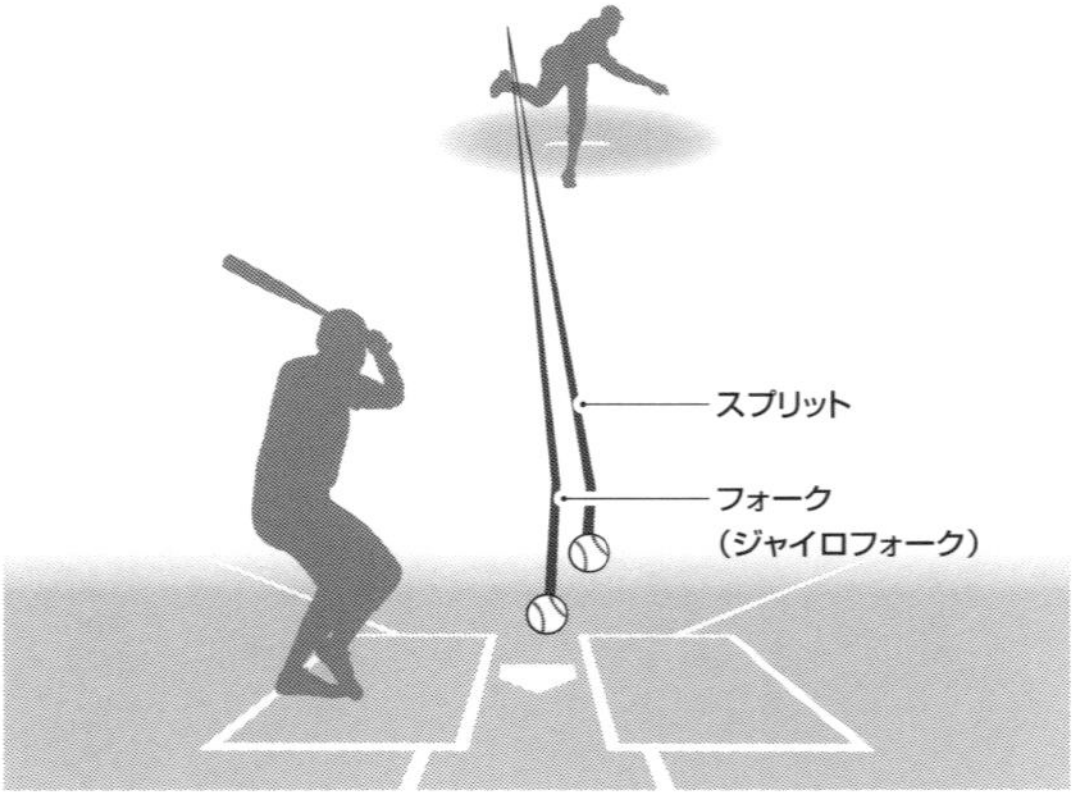

バッターの手元で落ちる軌道

フォークボールやスプリットはバッターの手元で落ち、主に空振りを取る球種となります。効果的な球種にするためには、真っすぐと同じ腕の振りで投げることが重要です。近年は千賀投手が投じるようなフォークである「ジャイロフォーク」がポピュラーで、真っすぐと同じ軌道でジャイロ回転をしながら落ちます。以前はシュート回転をしたフォークボールが主流でしたが、ジャイロフォークは球速があり、非常に多くのジャイロ回転をしながら真下に落ちます。ボールを指で強く挟んだ状態から抜くようにして投げてみてください。

また石川投手が投げている「サイドスピンフォーク」

フォークボール・スプリットDATA

[ラプソードのDATA]

	球速 (km/h)	回転数 (RPM)	回転効率	縦の変化量 (cm)	横の変化量 (cm)
スプリット	131.2	1374.0	86%	22.3	21.4

[テクニカルピッチのDATA]

フォークボール

	球速	回転数
平均	125.5	1159.0
最大値	138.0	1494.0
最小値	115.0	589.0

バックスピンの成分が真っすぐ（平均2200〜2300回転）よりも少なくなり、ボールが重力に引っ張られるためにバッターの手元で落ちる

はホップ成分がゼロになるため、横に変化しながら落ちます。右ピッチャー対左バッターのときなどに非常に有効です。ただし、この球種はスライダーと逆方向に捻りを加えて投げるため、スライダーとは対になりにくくなります。

それからスプリットですが、これは回転数を抑えた球種です。空気抵抗によって減速して落下しますが、落ち幅はフォークよりも浅くなる半面、球速があります。高速で変化をするためにバットの芯を外しやすく、空振りや凡ゴロを打たせるのに適しています。

このような落ちる系の球種ははじめに指で挟んで投げ、どのくらいの回転数が出ているのかを計測します。そのうえで挟み方や投げ方、縫い目への指のかけ方などを修正して投げ、適度な回転数がかかるような投げ方を探すようにします。

スライダー・カットボール

カットボール

握り方

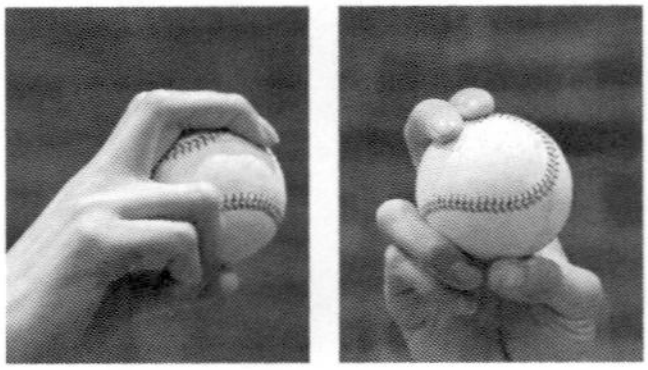

腕の振り方

スライダー

握り方

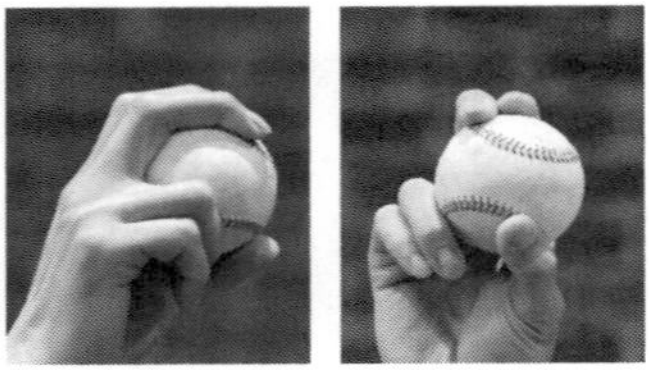

腕の振り方

一般的なカーブ・パワーカーブ

パワーカーブ

握り方

腕の振り方

一般的なカーブ

握り方

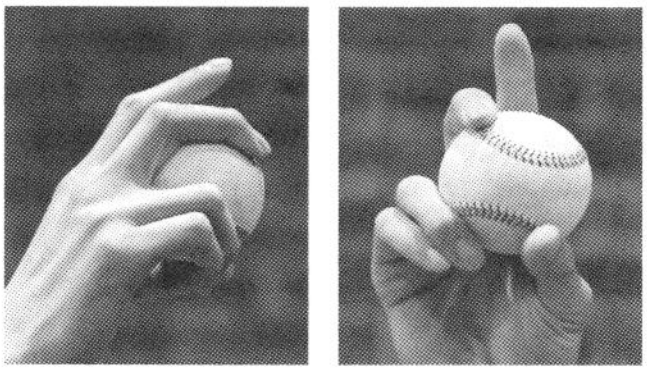

腕の振り方

捻り系チェンジアップ・チェンジオブペース

チェンジオブペース

握り方

腕の振り方

捻り系チェンジアップ

握り方

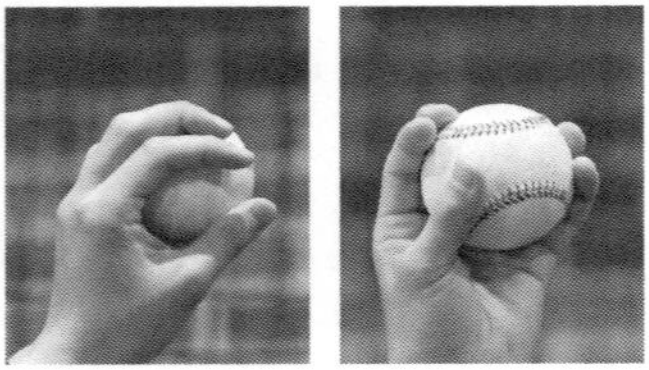

腕の振り方

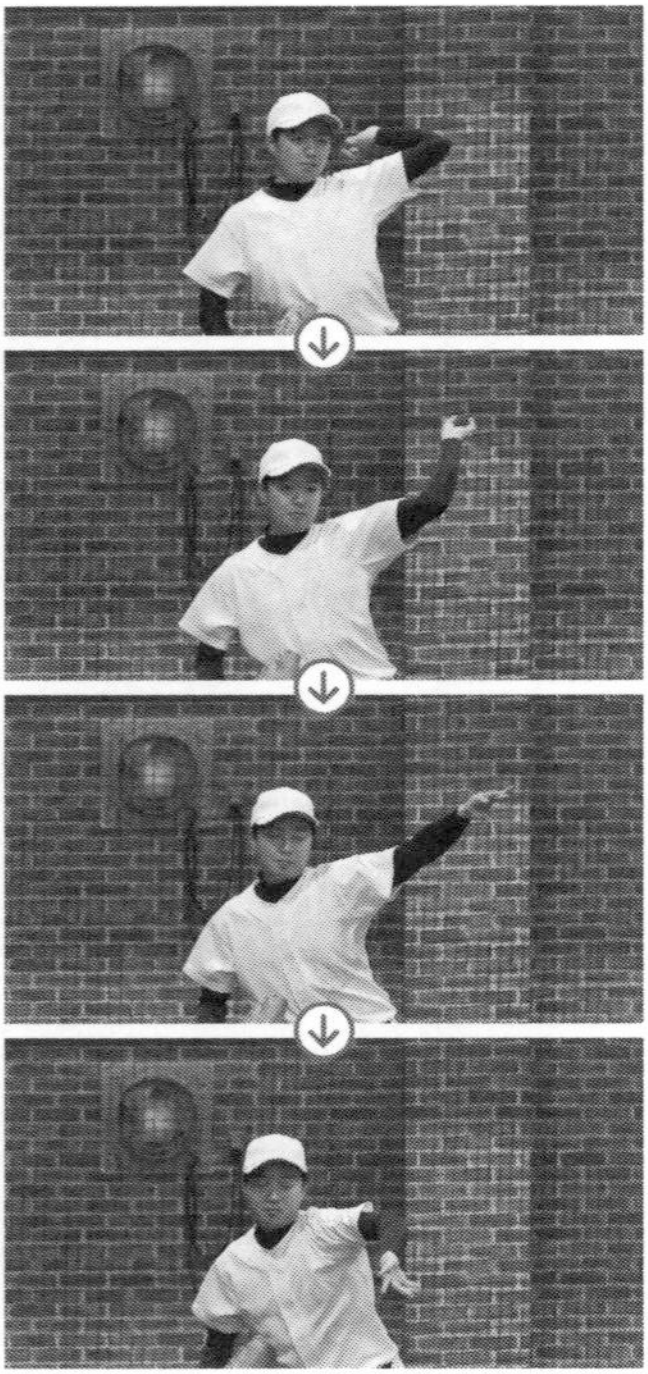

ツーシーム・シュート

シュート

握り方

腕の振り方

ツーシーム

握り方

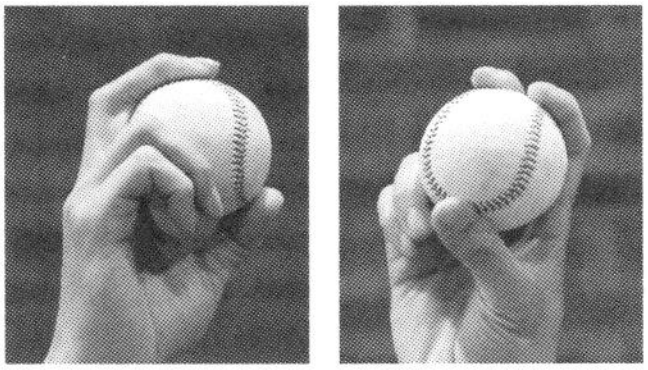

腕の振り方

ジャイロフォーク・サイドスピンフォーク

サイドスピンフォーク

握り方

腕の振り方

ジャイロフォーク

握り方

腕の振り方

スプリット

スプリット

腕の振り方

握り方

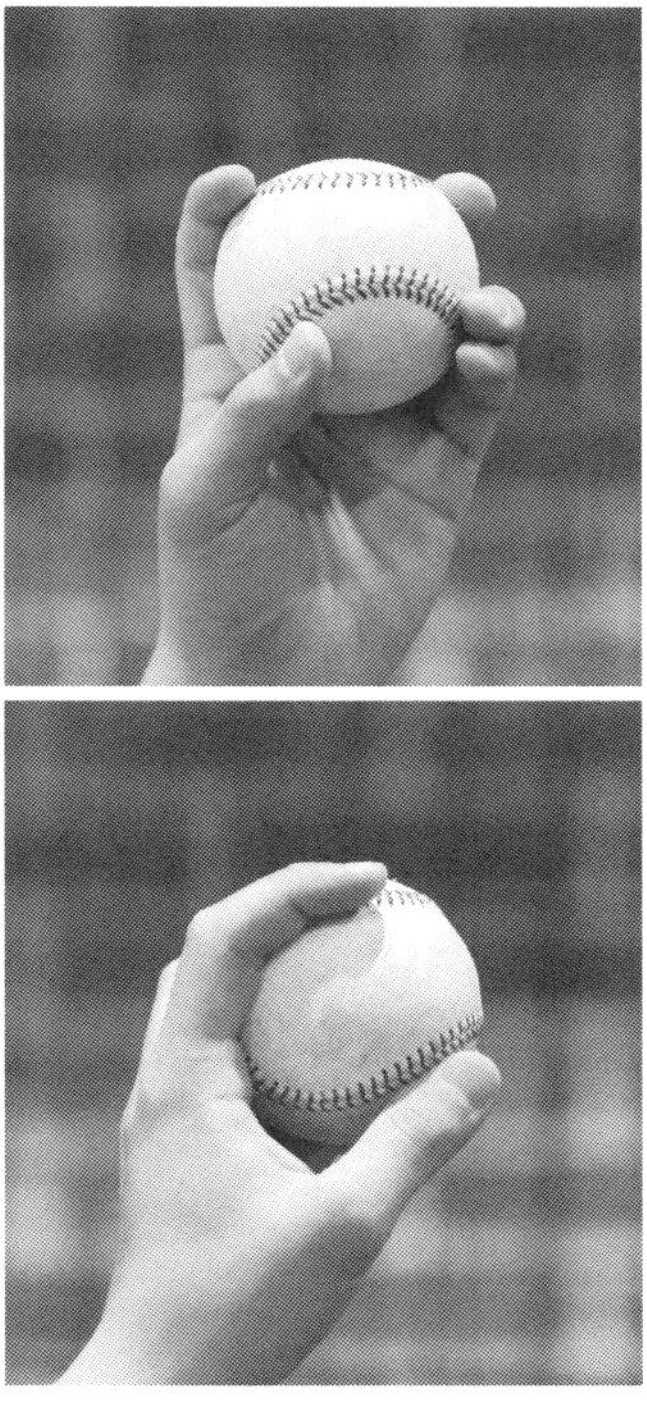

用語解説とポイント

よい真っすぐとは

真っすぐ（フォーシーム）の握り

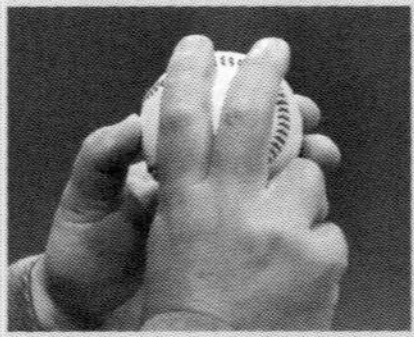

ボールの横の軸

キャッチャー方向から見た図

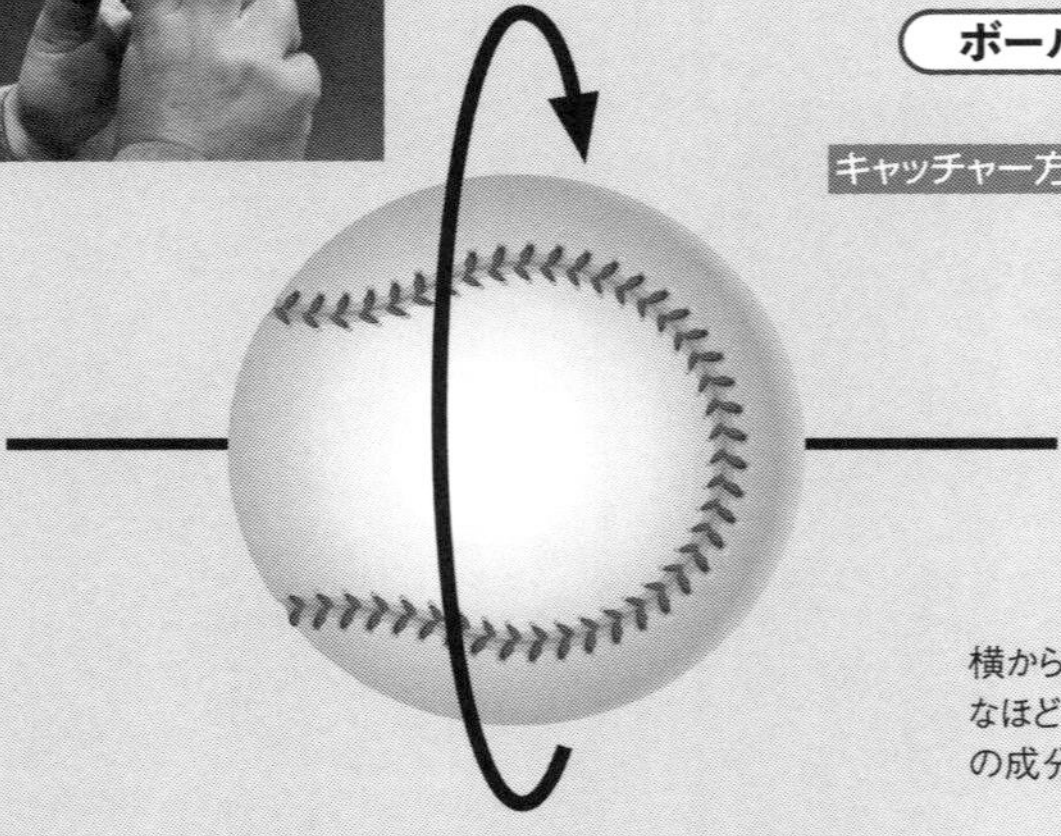

横から見た軸が水平なほど、バックスピンの成分が多くなる

変化球を活かすために必要なよい真っすぐとは

変化球を活かすためには、よい真っすぐが必要不可欠です。そのため、ここではよい真っすぐについて触れておきます。

よい真っすぐとはバックスピンの成分が多いことであり、基本的には横の軸が水平に近いことです。また上から見たときも進行方向に対して直角の軸に近くなっていることが、よい真っすぐの定義になってくると思います。さらにそのボールの回転数が多く球速が速いほど、よりよい真っすぐになっていきます。歴代のプロ野球選手のなかでよい真っすぐを投げていたのは、江川卓氏と藤川球児氏です。この2人のピッチャーは、ずば抜けた真っすぐを投げていました。

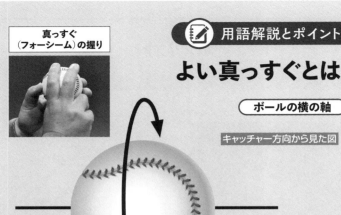

真っすぐの回転数と回転軸の比較

	回転数(毎分)	初速(km/h)	回転軸傾き(度)
優れたピッチャー	2500〜2700	145.0	5〜10
プロ平均	2200〜2300	145.0	20〜30

球種別の各数値の比較

球種	球速(km/h)	回転効率(%)	ジャイロ角度(度)	縦の変化(cm)	横の変化(cm)	リリース直後の投球角度(度)
真っすぐ	139.4	90%	24.8	50.1	23.1	0.7
カーブ	111.3	55%	56.0	-26.2	-40.2	2.7
スライダー	125.5	35%	69.4	-10.8	-16.8	2.5
フォークボール	125.2	85%	30.8	24.9	34.1	0.8
カットボール	135.2	77%	39.6	45.3	1.1	0.5
チェンジアップ	127.8	99%	5.9	37.0	1.6	-0.7
ツーシーム	131.3	96%	16.1	45.3	31.4	0.3

※スライド成分に対してシュート成分など反対方向の値はマイナスで表される
※このデータは、筑波大学野球部の選手たちで計測した平均値

ピッチャーが投じたボールは必ず少しずつ落下しますし、バッターに対する進入角度は4〜7度と言われています。ところが「浮き上がって見える」ボールが存在します。この浮き上がって見えるとは実際に浮き上がっているのではなく、バッターが想像していたよりも落下しないというのが正解です。

この落下の幅と密接に関係しているのが次のページから紹介するボールの回転数や回転軸、そして球速になります。これらの要素は真っすぐだけでなく変化球にも大きな影響を与えますので、第2章以降に進む前に言葉の意味を知っておいていただけるとより理解が深まると思います。

用語解説とポイント

ボールの回転数と回転軸と球速

図1 マグヌスカとは

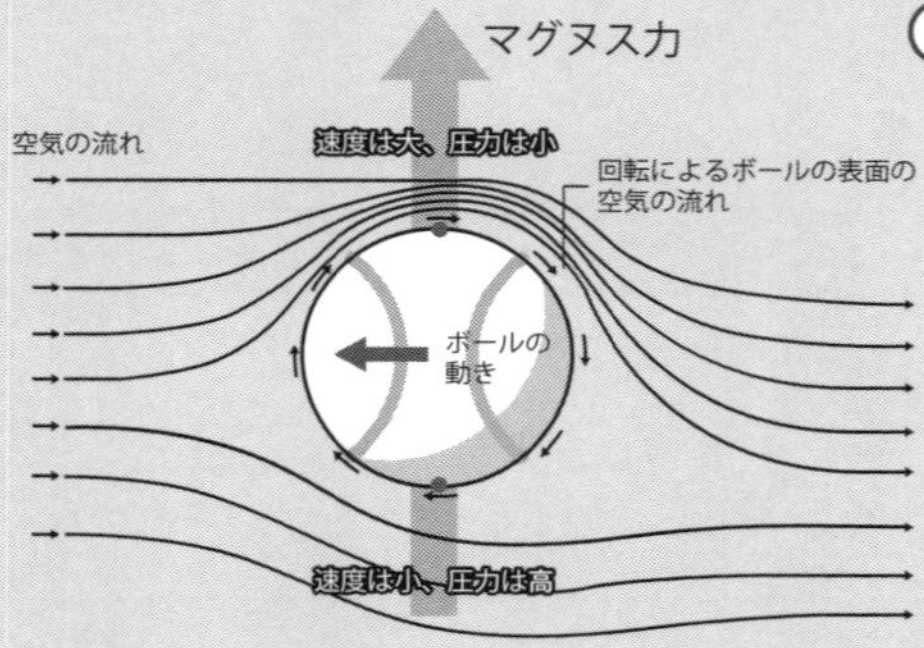

回転している物体に作用するマグヌス力。マグヌス力の方向はボールの回転方向によって変化する。これがカーブやシュートなどの回転系変化球が投げられる理由である

回転数は一人ひとりが持っている基本がある

これまでも文中に出てきた回転軸と回転数を整理します。回転数は正確には「回転速度」を指し、一般的には1分間にどれだけボールが回転したかを測定した数値になります。プロ野球選手の真っすぐの平均は毎分2200回転から2300回転、高校生であれば毎分1800回転から2000回転程度になります。そして回転数が多くなればなるほどバックスピンの場合は上方向に、回転軸に直角方向へ力が働きます。その理由は図1のマグヌス力(揚力)の効果です。

回転軸には横から見た軸の方向と真上から見た軸の方向があり、横から見た軸の方向には1塁側から見た方向と3塁側から見た方向(左右)があります(図2)。また回転には13ページで紹介したような種類のスピンがあります。

図2 回転軸

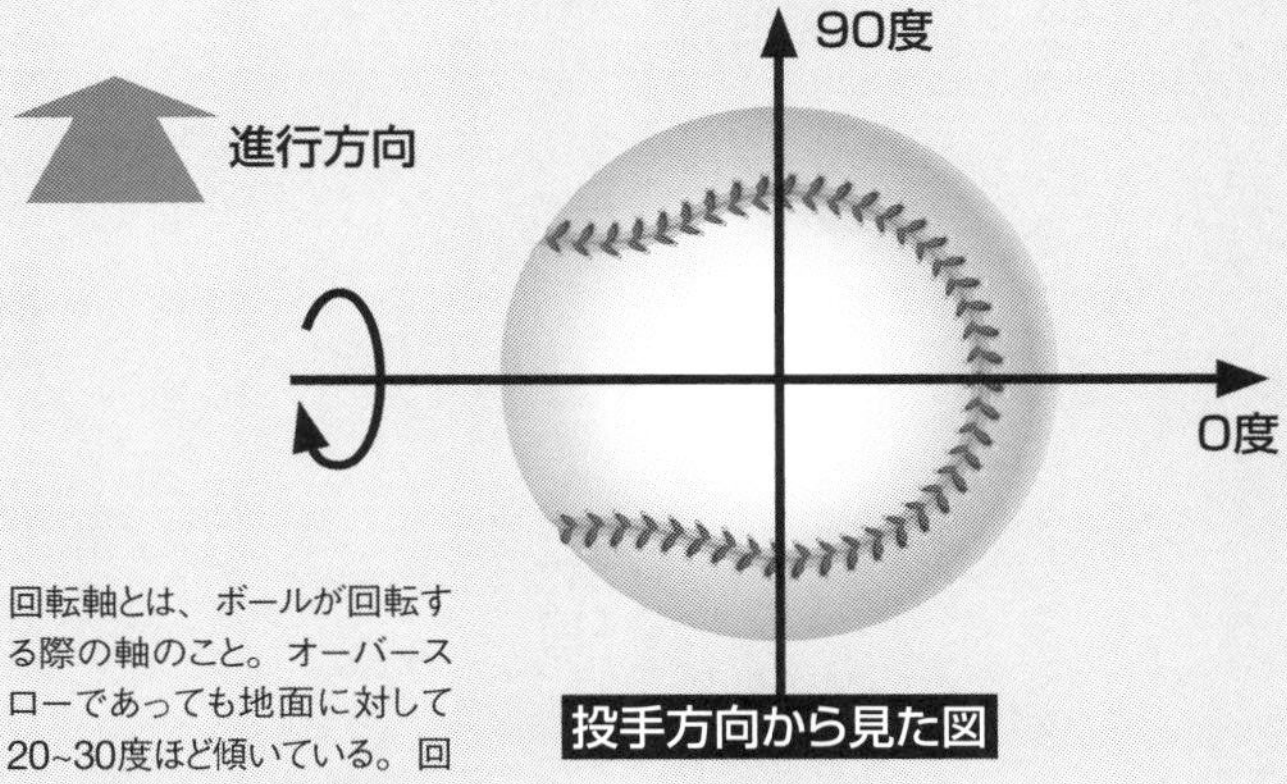

回転軸とは、ボールが回転する際の軸のこと。オーバースローであっても地面に対して20~30度ほど傾いている。回転軸が0度に近いほど伸びるボールとなる

さてボールの回転数ですが、球速と回転数はほぼ比例関係にありますが、個人によって差はあります。これは投法やメカニクスだけでなく、指の長さや形状によっても異なるところがボールの回転を扱う難しさです。つまり、その人が持つ回転数の基本があることは覚えておきましょう。回転数を計測する機会があり、回転数が少なくても悲観することはありません。少なければそれを活かした投球を行えばよいのです。

このように回転数と回転軸はボールの回転に影響を与えるのですが、実際の指導現場では、回転数と回転軸、そして球速という3つの要素を同時に見ていくことが重要になります。球速が上がると、ボールが伸びているように見えます。そしてこれまで述べてきたように、ストレートにはバックスピンの成分が加わります。軸が水平に近い状態でバックスピンがかかるほど

回転数が多いピッチャーと回転数が少ないピッチャー

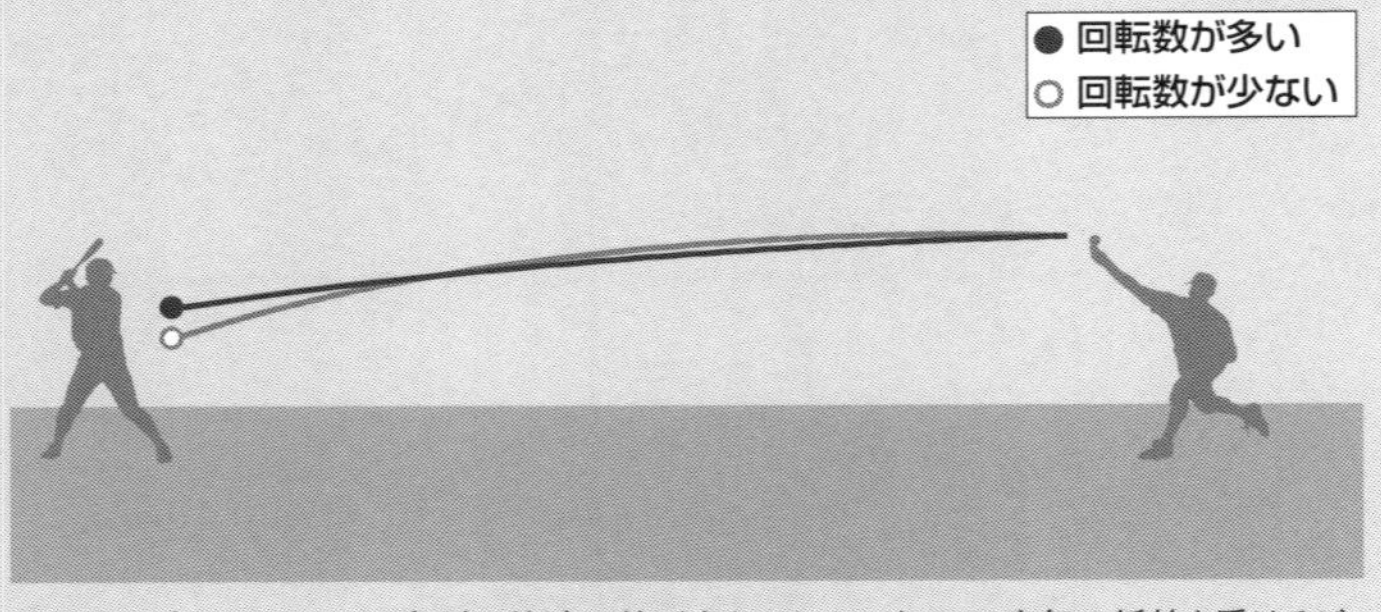

回転数が多いピッチャーは初速と終速の差が大きいため、ボールは空気の抵抗を受けるが、バックスピンによってバッターからはホップしたボールに見える。回転数が少ないピッチャーは初速と終速の差が小さいため、バッターからは迫ってくるボールに見える

揚力を受けやすいため、落下が少なく、バッターにとって打ちにくいボールになります。基本的にスピンがかかっているボールは、空気の抵抗が大きくかかります。そうすると投げはじめの「初速」とキャッチャーのミットに収まる「終速」の差が大きくなります。そのため回転軸の傾きや回転数によっては回転効率が悪いために揚力を十分に受けず、打ちごろのボールになってしまいます。よく「このピッチャーは回転がいいから初速と終速が変わらない」と言われますが、実際は逆で回転するほど終速は遅くなるのです。逆に回転が少ないと空気の抵抗が少ないので初速と終速の差が小さく、バッターから見ると「ドーン」と迫ってくるような感じのボールになります。言葉のあやというか、表現として難しいところもありますが、回転数が多いとホップしているように見え、回転数が少ないとドー

回転数と回転軸、球速という3つを同時に考えることで、ボールの質を変えずによりレベルの高いストレートが投げられるようになる

ンと迫ってくるのです。

3つの要素を見ることでピッチャーの変化とボールの質がわかる

回転数と回転軸、球速の関係について、もう少し解説します。この3つの要素は「ボールの質」を比較する際に重要で、たとえば何球か投じるなかで「回転数と球速はほぼ変わらず、回転軸だけが異なる」のように、どれか1つの要素が異なるというような見方をします。

特に回転軸はその日のコンディションが表れるため、私たちは回転軸の状況を観察することが多くなります。また回転数はフォームを変えたり、身体の動きの連鎖が上手に使えるようになったときなどに大きな差が出やすく、球速はトレーニングの成果として表れることが多くなります。

用語解説とポイント

すべての球種に影響する回転効率とは

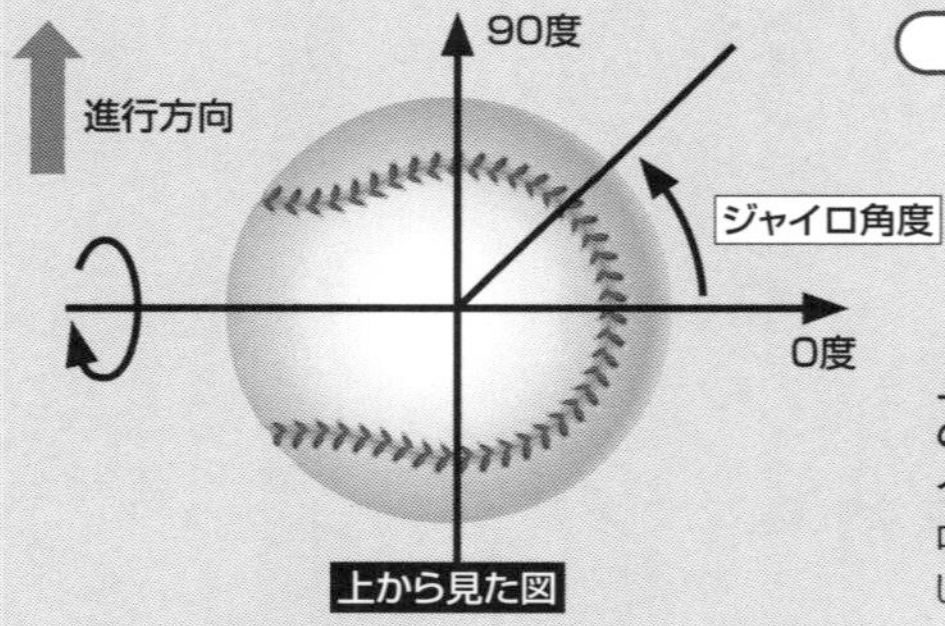

図1 ジャイロ角度

上から見たジャイロ角度。この角度が大きくなるほどジャイロ成分が多くなる。ジャイロ角度が大きいほど変化球としては優れた変化をもたらす

ジャイロ成分が増えるほどバックスピンが減ってしまう

回転効率とは、すべてのスピン量のうち、ジャイロスピン以外のスピンが占める割合になります。バッターに対して、上から見て真横に近いほうに、そして投球方向に対して直角に軸があればいいのですが、軸がずれるときがあります（図1）。これがジャイロ成分と呼ばれるもので、ジャイロボールは完全に揚力を受けないため、ボールの上と下の空気抵抗がまったく同じになってしまいます。つまりジャイロ成分が増えるほどストレートの伸びが減ってしまうため、バッターにとっては打ちやすいボールになるのです。

図1のように角度が0度に近ければ近いほどよい真っすぐになりますが、角度が20～30度になっ

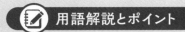

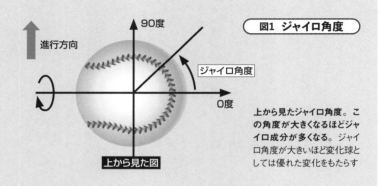

回転効率とは

回転効率は、投じたボールにかかるバックスピンやトップスピン、サイドスピンが占める割合を指す。ストレートではバックスピンの割合が重要で、回転効率がよい（数値が高い）ほどバックスピンがよくかかったボールということになる。

回転効率の目安＝ジャイロ角度が20度未満

回転効率がこの範囲に収まっているとよいピッチャー。この範囲を超えるとよくないピッチャーと言える

優れたピッチャー＝ジャイロ角度が10度以下

回転効率が90％以上になる

よくないピッチャー＝ジャイロ角度が20度以上

回転効率が90％未満になってしまう

てしまうと、球速が出ているのにバッターにとってはあまり脅威を感じないボールに見えてしまいます。つまり、真っすぐの場合はジャイロ回転が少ないほうが効果的になります。逆に変化球の場合、球種によってはジャイロ回転が多いほうがよい変化が起こります。近年はラプソードやテクニカルピッチなどの最新機器でジャイロ成分の計測ができますが、機器がなくてもジャイロはうずを巻いたように見えるため、見た目でも十分に判断ができます。本来は下半身を鍛えて、下半身で生み出した力を腕に伝えて投げます。ところが上半身を中心に鍛えてしまうと、腕の動きが身体の回転に合わなくなり、無理に腕を振ってしまいます。そうすると回外から回内の動きがスムーズに起こらなくなり、ジャイロ成分が増えてしまうのです。

コラム
COLUMN

変化球の新しい理論である シームシフトウェイクとは

近頃は変化球の話になると、シームシフトウェイク（縫い目が変化量に及ぼす影響）が主題になります。まだ解明されていないことがたくさんあるのですが、このコラムではシームシフトウェイクについて触れておきます。

これまでの変化球の理屈は、表面に凹凸がないボールに対して起こるマグヌス力を説明したものでした。32ページでも解説しましたが、たとえば川に杭を打つとその後ろに渦ができます。これが後流と呼ぶもので、ボールに対しての抵抗となるため、抵抗に引っ張られて球速が落ちたり変化をしたりします。

一方でシームシフトウェイクは、ボールの表面にある縫い目（シーム）が空気とぶつかることで後流のでき方が変わるという理屈になります。そして回転効率が悪く、ツーシームの握りで投げるスライダーはシームシフトウェイクの影響を大きく受けると言われています。大谷翔平選手が投げるスイーパーはまさにこの理屈が当てはまります。

現状ここまでは解明できているのですが、投じられたボールは回転しながらバッターに向かいますので、常に縫い目と空気のぶつかり方が変わります。それによって場面ごとに曲がり方が変わるため、この観察が非常に難しくなります。また投じる際の腕の角度も重要な要素になるため、今後はこの辺りについて研究を進めていきたいと考えています。

第2章

知っておきたい変化球の知識

球種をたくさん覚えればよいというものではない

▶ コントラストのある変化

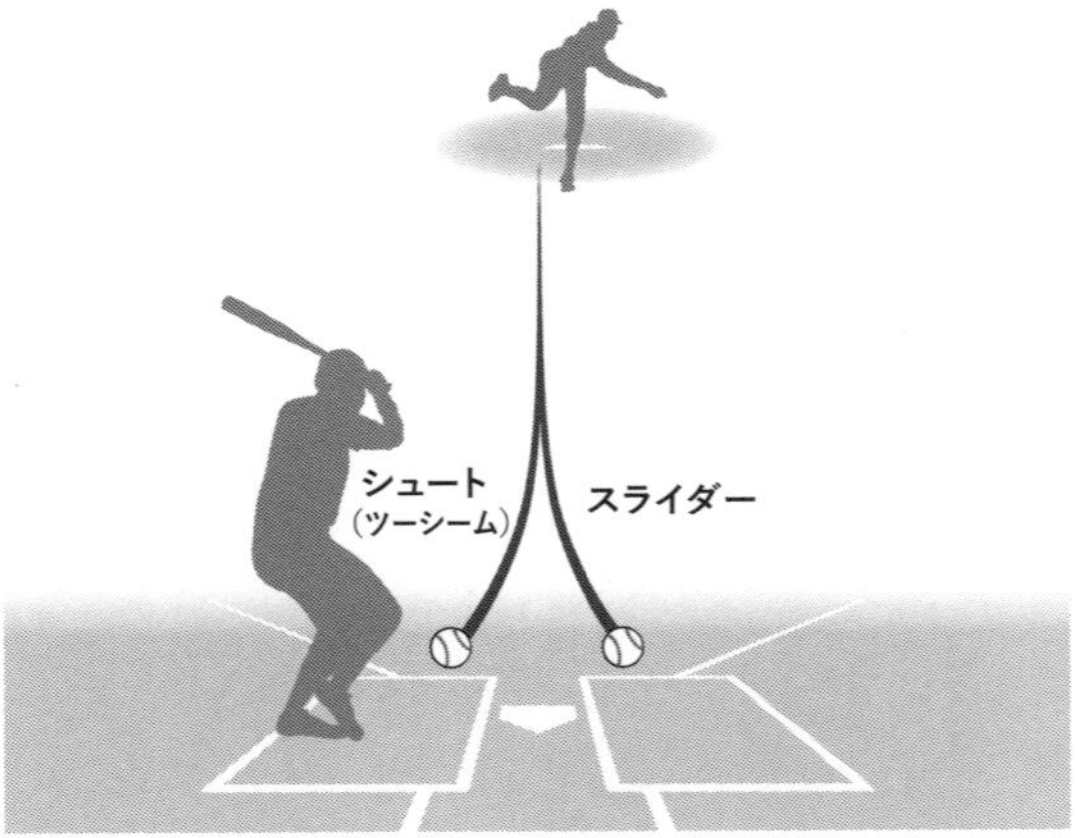

実際にはなかなかないが、シュートとスライダーがこのような変化をするとコントラストがはっきりと生じる

異なる変化球は互いに影響を与える

七色の変化球という言葉があるように、ピッチャーであれば様々な変化球を覚えることに憧れるものです。そのこと自体は悪くありませんが、そもそもよい真っすぐが投げられ、そのうえで有効な変化球を持っているようにしなければ試合で効果的とは言えません。このよい真っすぐとは、回転効率が100%に近く、強いボールがバッターに向かっていくようなボールになります。このような真っすぐがあってこそ、変化球とのコントラストが生まれるのです。この回転効率はすべての球種に関係してくるため、36ページで詳しく述べ

スライダーの投げ方

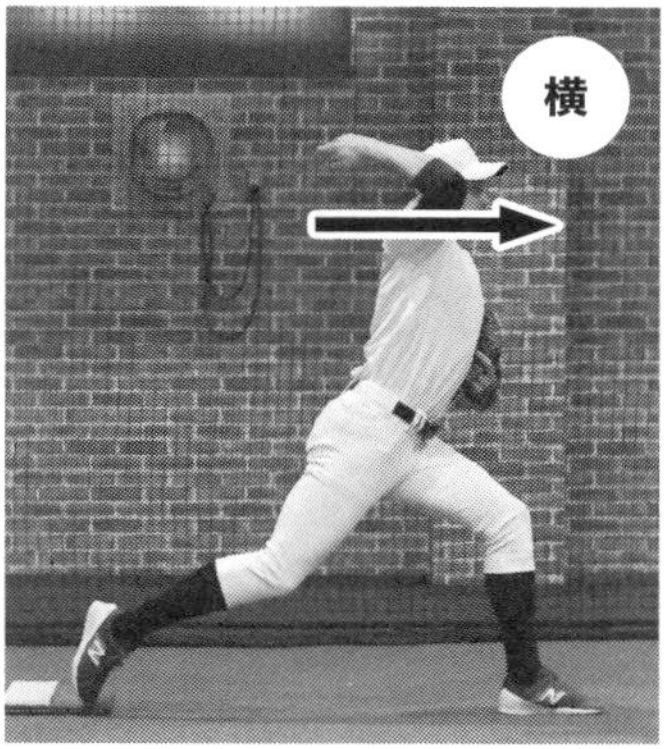

指を引っかけて投げるため、腕を体幹よりも先行させ、身体よりも前側でリリースをする

ました。

また変化球の持つ特性として、それぞれの球種がお互いに影響を及ぼすことが挙げられます。それがよい形で出れば、右上のイラストのようにシュートとスライダーの曲がりがよいコントラストになります。ところが、このコントラストが悪いほうに出てしまうことがあります。よくあるのはよいスライダーを投げていたピッチャーが、シュートを覚えたためにスライダーのシュート回転が増えてしまい、膨らむような変化になってしまうことです。そのため、ただ変化球の投げ方を覚えていくだけでは、よい結果につながらない可能性があります。

習得した変化球をよい結果につなげるために大切なことは、自分の投げ方をしっかりと区別することです。たとえばスライダーであれば、基本的

チェンジアップの投げ方

指をかけてシュート回転するように投げるため、身体の少し後ろ側でリリースする。さらに身体を斜め方向にずらす必要がある

に指を引っかけて投げるため、腕を体幹よりも先行させ、身体よりも前側でリリースをします。それに対してチェンジアップなどは指をかけてシュート回転をかけるように投げるため、身体の少し後ろ側でリリースします。なぜならストライクゾーンに投げ込むためには、身体をずらす必要があるからです。このように球種によって投げ方を変えると効果的ではありません。ところが、同じ投げ方をしようとしてもチェンジアップの投げ方でスライダーを投げると鋭い変化がかかりませんし、逆の場合にはストライクゾーンに投げられなくなります。さらにピッチャー自身は互いの球種が影響し合っていることに気づかない可能性が高いのです。これを防ぐためには、自分の中で投げ方を区別し、それぞれの球種に影響を与えないような投げ方を模索していく必要があります。ただし、

ラプソード

MLB30球団などで取り入れられている球質の計測機器。「球速、回転数、回転軸、回転効率、縦横の変化量、リリース時の位置・角度」など様々なデータの計測ができる

テクニカルピッチ

ボールの中心部に9軸センサーを内蔵したIoT製品。データがスマートフォンに転送され「球速、回転数、回転軸、球種、変化量、腕の振りの強さ」を計測できる。硬式のほか、軟式ボールもある

あまりにも投げ方が異なるとバッターに見破られてしまうため、極端にフォームを変えないほうが理想的です。適度な区別の加減を見つけることも、変化球を習得するうえでは非常に重要な要素になります。

私たちは近年、変化球の習得や質の向上のためにラプソードという球質の計測機器を取り入れています。メジャーリーグではかなり普及しているシステムで、球速や回転数、回転軸や回転効率、縦横の変化量、リリース時の位置や角度などのデータが計測できます。ラプソードはかなり高価な機器になりますが、比較的安価に購入できるテクニカルピッチという機器でも回転軸や球速を計測できます。本書ではこのような機器を用いた変化球の習得方法も紹介しますので、参考にしてください。

自分に合った変化球を見つける

自分の球質を知る

横の変化がスライダー系かシュート系かを把握する

➡機器を使った把握の仕方は46ページから紹介

スライダー系の場合

- まずはスライダーやカットボールを覚える
- チェンジアップなどの落ちる系はあまり拘らずに投げる

シュート系の場合

- まずはシュート、ツーシーム、チェンジアップ、フォークなどを覚える
- スライダー系は投げ方が変わってもよいくらいの意識で投げる

スライダー系かシュート系かを把握する

変化球を習得するにあたり、はじめにピッチャー一人ひとりが投じるボールの球質を知ることからはじめます。この際に43ページで紹介した球質の計測機器を使うのですが、まずは横の変化がスライダー系か、それともシュート系かを把握します。ただし基本的にピッチャーが投じるボールは、大なり小なりシュート回転がかかっていることを頭に入れておきましょう。なお綺麗なバックスピンをかけられるピッチャーであれば、カーブやフォークボールといった縦の変化を主体にすると効果的です。

たとえば投じるボールの回転効率が悪ければ、ストレートの場合は少しスライドします。そのようなピッチャーに対しては、スライダー系のボールをしっかりと投げることが変化球習得の第一歩になります。具体的な球種としてはスライダーやカットボールです。スライド系のボールを投じるピッチャーは曲がりが非常によく、落ちたりするスライダーや、きゅっと曲がるようなカットボールが投げやすいからです。それらの球種の質を上げていき、バッターを打ち取ることを目指します。

一方でこのタイプのピッチャーはスライダー系と逆方向に捻る必要があるため、チェンジアップ系やシュート系が投げにくくなります。そして先ほど述べたように、無理に逆方向に捻ろうとすると、スライダー系に悪い影響が出てしまいます。そのためチェンジアップを投げるにしても、あまり捻らずにただ抜くだけのような投げ方をし、若干スライドしながら落ちるボールを覚えることが、一番無難な策になります。

逆にシュート系の傾向が強いピッチャーの場合ですが、やはりシュート回転が主体になるのでシュート、いわゆるツーシーム系の右バッターに対して食い込むようなボールを主にするほうがよいでしょう。また、そこから派生して真横に回転をかけるサイドスピンが投じられると非常に落ちる球種になります。もしくはフォークやチェンジアップといった球種が向いています。つまり、シュート系と落ちる系です。

一方でこのタイプはスライダー系が投げにくいため、無理にスライダーを投じるとバッターにとって打ち頃の変化になることが多いのです。このタイプがスライダーを投じる際には、「スライダーは完全に別な球種」という意識を持ち、投げ方が変わってもよいと割りきったほうがよいでしょう。

機器を使った球質の見極め方

数値から導き出す変化球の質

ここではラプソードを使った球質の見極め方を紹介します。43ページで紹介したテクニカルピッチを使用した場合も同じような考え方ができますので、環境が整えられる方はぜひ試してください。なお、はじめにお伝えしておきたいことは、私たちも最終的には眼で見た球質を重視するということです。このページでは数値化することでわかる要素を紹介しますが、最終的な判断はアナログである自分たちの眼で見た球質になります。このことを踏まえてお読みください。

ラプソードのデータを完全に読み解くことは非常に専門的な知識や高度な分析が必要なため、ここでは画面から知ることができる要素を紹介します。

まずは①ホップ成分とシュート成分です。ホップというのは、ボールが伸びる成分のことです。下にある13・6cmという数値はシュートの成分になります。投じる球種によって異なりますが、ホップ成分はおおよそ40cm以上の数値であれば「このピッチャーのボールは伸びているな」と判断でき、30cm以下であればホップ成分が少なくなるため、バッターからすると「伸びていない」「落ちている」と判断されるボールになります。

ラプソードの数値の見方～その1～

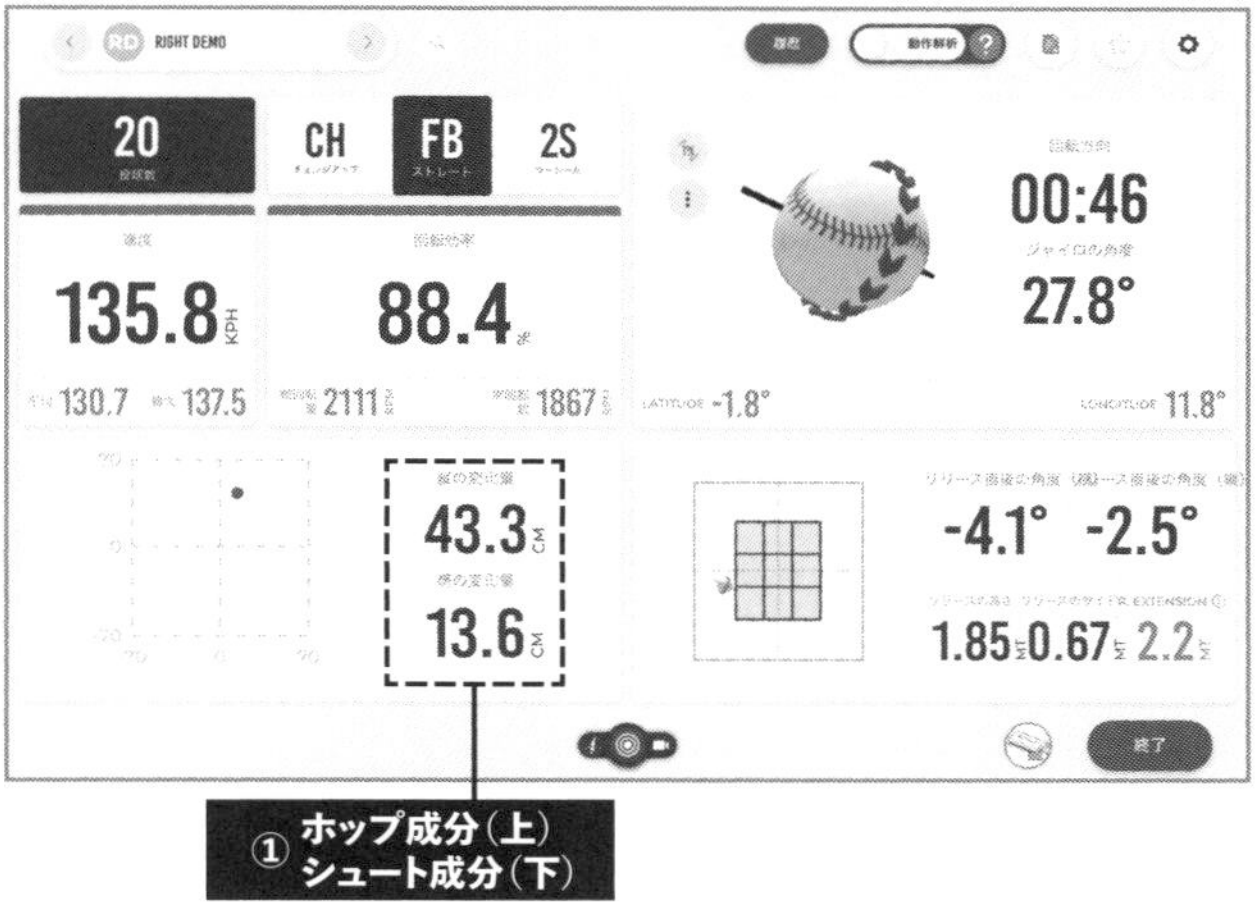

またシュート成分ですが、20cmくらいが境目になり、40cm以上になると「かなりシュートしているな」という変化になります。先ほども述べましたが、ほとんどのピッチャーの球はシュート回転をしています。そのためシュート成分が10cm以下になるとスライドして見えるのです。まとめると、このホップ成分とシュート成分が球質を知るための1つ目の基準になります。

続いて②ジャイロの角度、③回転効率、④回転速度ですが、この3つが先ほどのホップ成分とシュート成分の要因です。この表ではジャイロの角度が27・8度になっていますが、ジャイロの角度が大きくなるとシュート成分が小さくなり、バッターからすると真っスラ（※）のように見えます。伸びのある真っすぐを投じるためには、ジャイロの角度は20度以下に抑えたいです。

※ 真っスラ　真っすぐに投げているつもりだがスライドしてしまう現象を指す。打たれにくい変化球として捉えられることが多いが、バックスピンの効率が悪いストレートでもある。

ラプソードの数値の見方〜その2〜

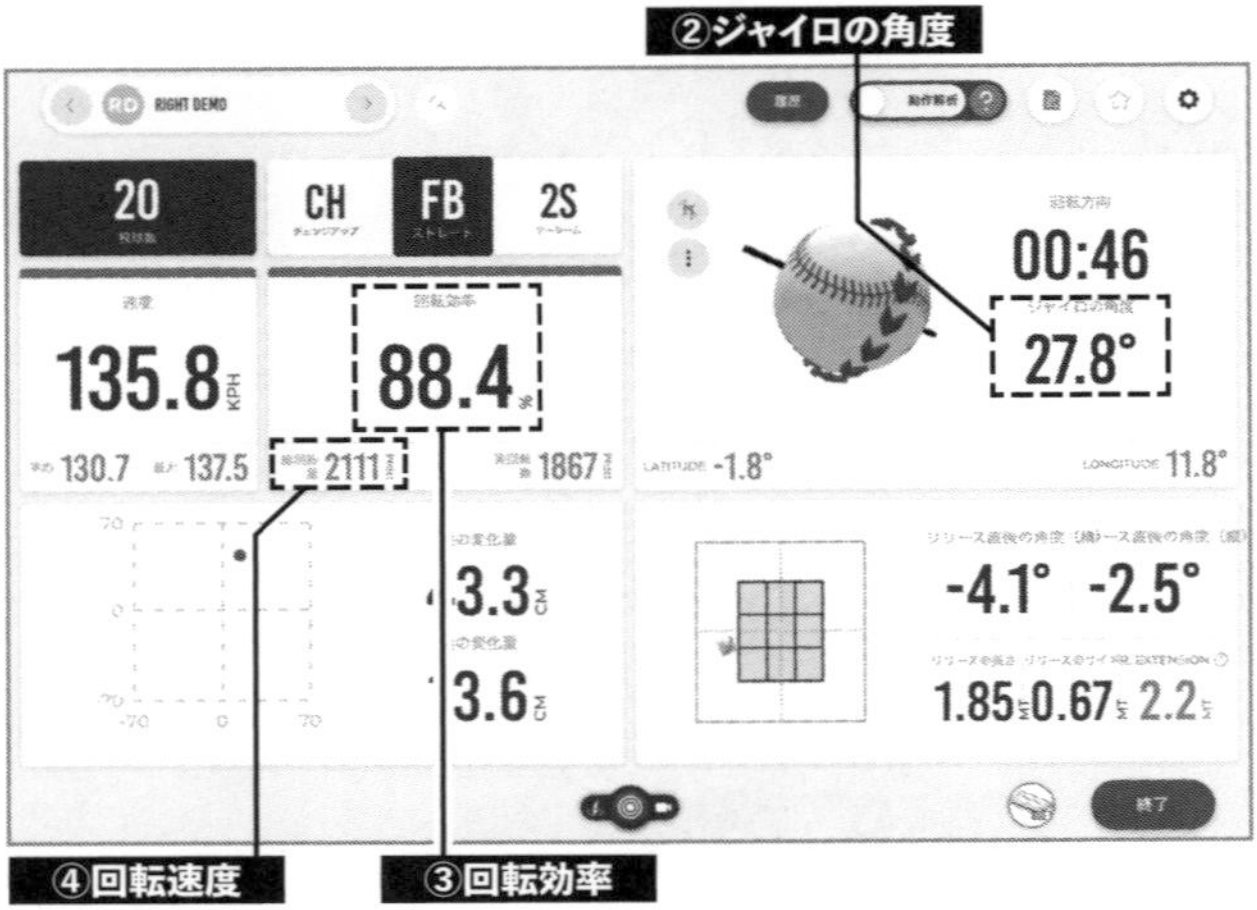

30ページで紹介したように、真横に軸をくし刺しにした状態で回転しているのが、ジャイロの角度がゼロという状態です。ところがジャイロの角度が大きくなると回転効率に影響が出ます。回転効率を算出するために必要になる数値が回転速度ですが、これは1分間のボールの回転数を意味します。プロの選手の平均が2200〜2300程度になるため、この表ではまあまあよい数値が表示されています。

ところがこのピッチャーの場合、回転速度×回転効率で計算すると実回転数（ボールの変化に影響を与える回転数）が1867になってしまっています。ジャイロ成分が増えたことにより、正味の回転数、専門的に言うと進行方向に対してのバックスピンの成分いわゆるそのマグヌス効果がかかる成分が変わってしまうのです。その結果、バッターに対しての有効なバックスピンが1867になるのです。では、ど

ラプソードの数値の見方〜その3〜

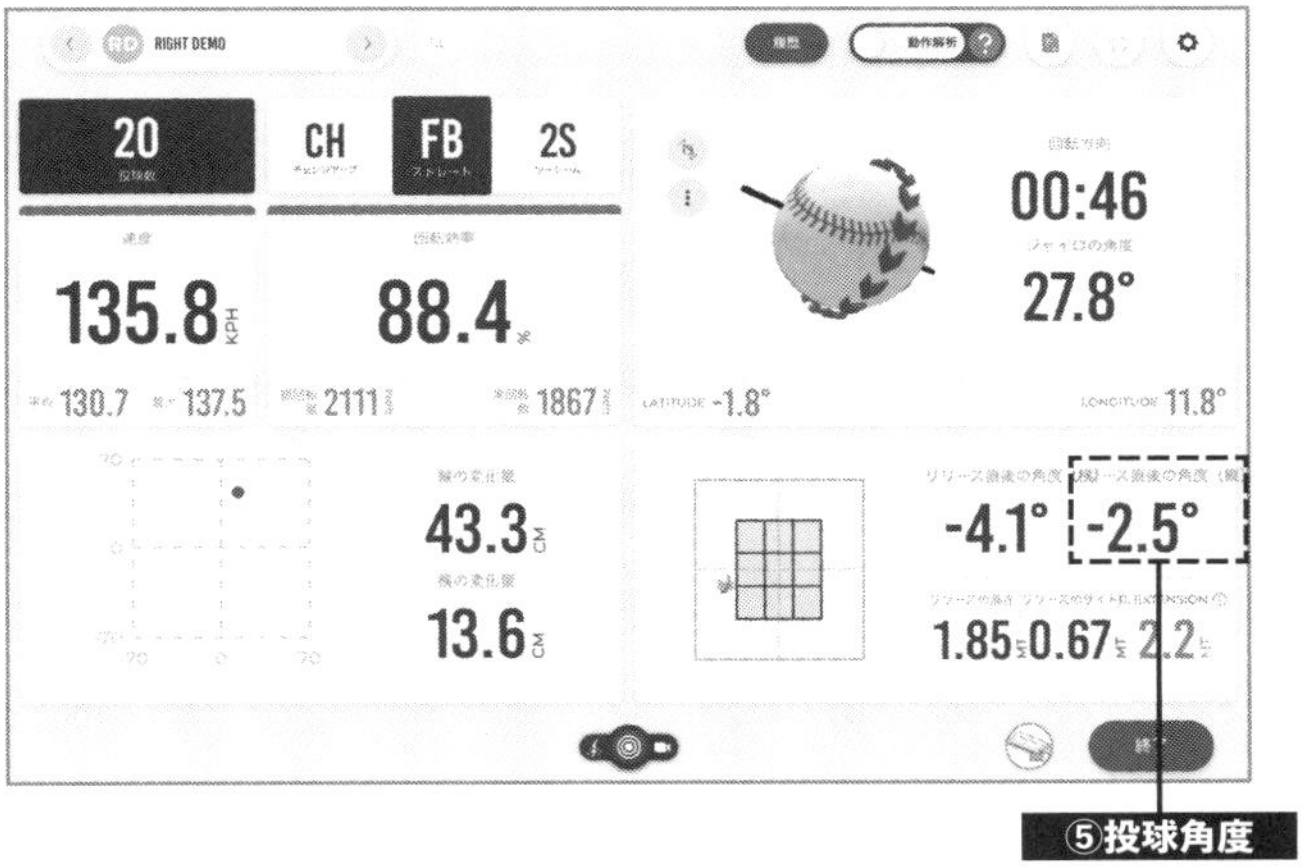

のくらいの回転効率がよいのかというと、100%を目指したいですが実際には厳しいため、私は回転効率が90%以上を目安に指導をしています。

もう1つの要素である⑤投球角度（リリース直後の縦の角度）ですが、この数値も大事にしています。投球角度は水平方向が0度で下がるとマイナス、上がるとプラスになります。基本はマイナスの数値が出ますが、カーブなどはプラスに出ます。大抵のピッチャーはマイナス4度くらいが普通ですが、たとえば真っすぐがマイナス4度であるのに対してスプリットが0度であると、投げはじめの時点で見え方が変わってしまいます。つまり、バッターに見破られやすい投げ方になってしまうのです。変化球で三振を取りたい場合は、なるべく真っすぐと同じ投球角度であることが理想です。そうでなければ、なかなか三振が取れる変化球にはならないのです。

変化球の関係性を考える

▶理想的な投球の分布

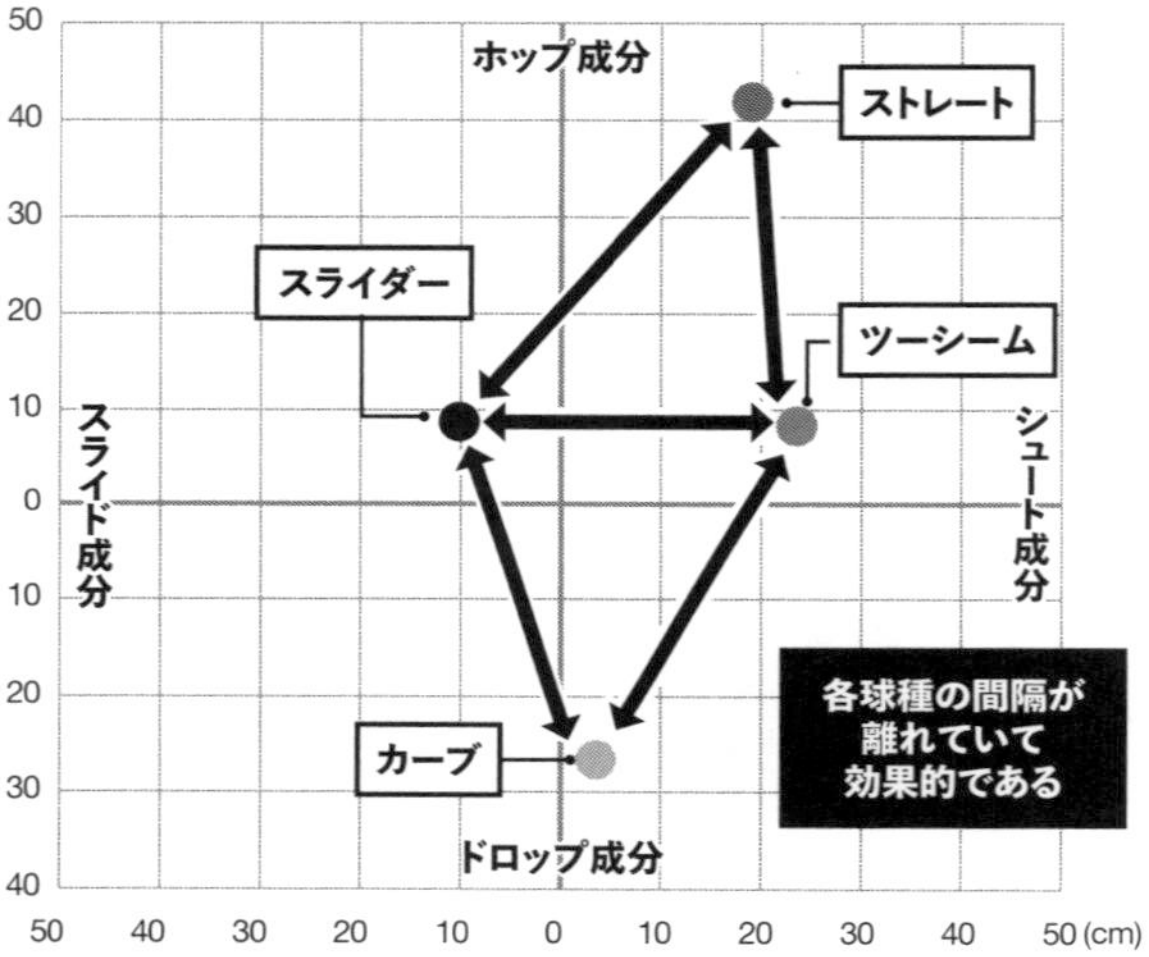

理想の投球分布は平行四辺形

上の図は右投げの先発ピッチャーが投じられる変化球の理想的な関係を表しています。ホップ成分が大きいストレート、スライド成分が大きいスライダー、ドロップ成分が大きいカーブ、シュート成分が大きいツーシームとなり、4球種の関係が平行四辺形（菱形）のようになっています。それぞれの球種の役割がはっきりしており、配球を組み立てるうえで多くの選択肢が持てるようになります。配球の組み合わせが多いため、打者1巡目と2巡目、3巡目に変化をつけて投げることができます。つまり、長いイニングを投げるのに適し

ピッチャーAの投球の分布

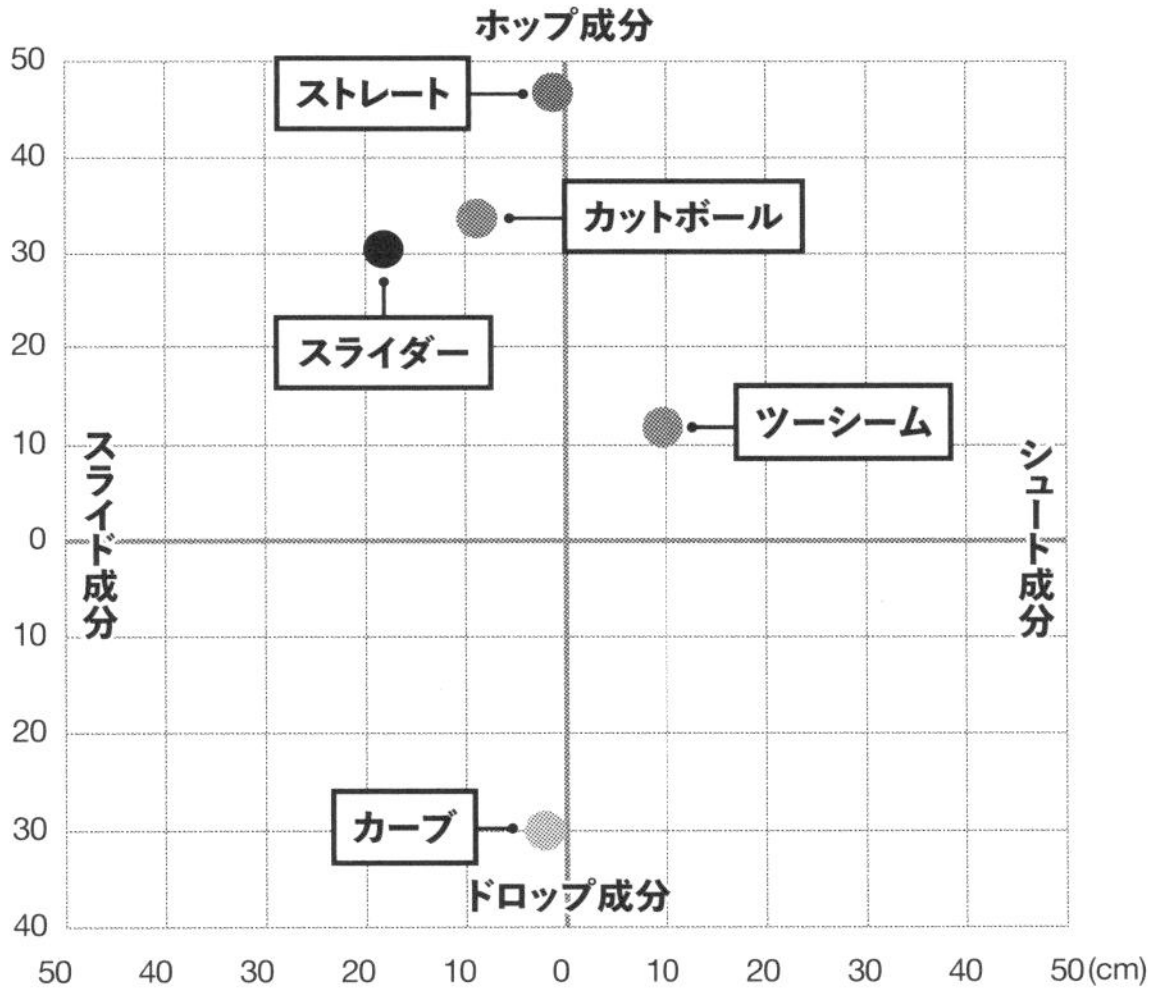

た分布といえます。ただし、このような投げ分けができるピッチャーは稀で、ほとんどのピッチャーは偏りが生じます。また実際はこの関係に球速などが加わるため、あくまでも変化の範囲の目安として考えてください。

その例の1つが上のピッチャーAです。この表から見られることは「すべての球種にスライド成分がある」「カットボールとストレートが非常に近いため、左バッターには有効なものの、右バッターには打たれやすい」「カットボールとスライダーも非常に近い」などがあります。このようなピッチャーが考えがちなことの1つに、スライド成分の球種ばかりなのでシュート成分が大きい球種の習得を目指すことがあります。たとえば「ツーシームを際立たせたい」と思い、シュート系の回転の習得に努めるわけです。そうなると前に述べた

パームボールとは

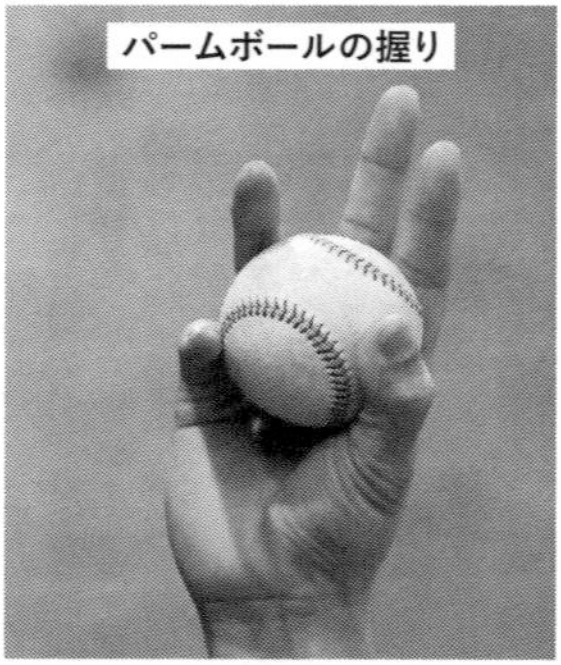

減速の度合いや下方向への変化が大きくなる。スライド方向にジャイロ系の回転をするため最後にポンと落ちる

ように腕の使い方が逆になるため、スライダーの曲がりが悪くなり、自分の特徴を消してしまう可能性があります。

　では、どのようにして次の選択をするのかというと、あまり捻らずに投げられる球種がよいため、抜いて投げるようなチェンジアップが挙げられます。また、手のひらで包むように握って投げるパームボールも有効です。パームボールとは一時期流行った球種ですが、チェンジアップよりも回転が抑えられるために空気抵抗が強くなり、減速の度合いや下方向への変化が大きくなるボールです。そしてパームボールはスライド方向にジャイロ系の回転をするため、最後にポンと落ちるのです。このような落ちる系のボールを使ったほうがよいと考えられます。また真っすぐと変化球を寄せることで、少しだけ変化させて打ち取るようなピッチングのスタイルを作っていくことも考えられます。

ピッチャーBの投球の分布

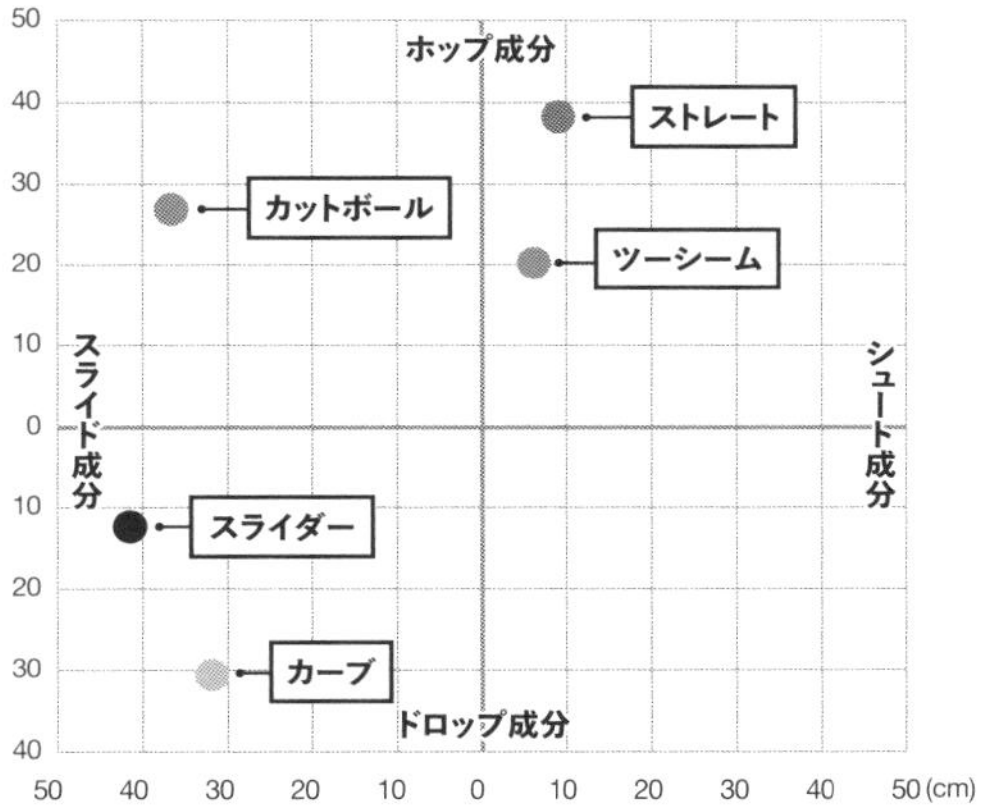

ピッチャーBですが、このピッチャーの一番の問題は、ツーシームのスライド成分が大きいことです。そのためバッターからすると食い込んでくる感じがなく、怖い球種ではなくなっています。それをどのように考えていくかが課題だと言えます。ここでは3つの例を挙げましたが、それぞれの特性ですから良い悪いということではありません。自分の傾向を踏まえて回転数や回転軸の角度、球速などを見ながら次の選択につなげることが大事です。どのピッチャーにも特性があるため、自分の特性と反対側のボールをどのようにするかが非常に難しい問題になります。実は、ここで挙げたピッチャーたちはプロの世界に入りました。そこで一番活躍しているのは、ピッチャーAです。誰しもがいろいろなことがマルチにできることを理想だと考えますが、自分の強みを認識して有効な投球を考えていくほうが活躍しているというのも野球の面白さだと思います。

高速化する変化球

	通常	高速系
スライダー	130km/h前後	135km/h～ 140km/h
カーブ	120km/h前後	130km/h前後
チェンジアップ	120km/h～ 130km/h	140km/h前後

近年、様々な変化球の球速が上がっている

バッティング技術の変化と対応する球種の変化

高速スライダーやパワーカーブなど、近年の野球では変化球の高速化が進んでいます。その背景にあるのはバッターのバッティング技術の向上とピッチャーの投げ方の問題です。

まずはバッティング技術ですが、特にメジャーリーグのバッターたちはスイング時に頭を動かさなくなっています。以前はバットを振る力を生み出すためにしっかりと前側にステップして重心を移動させ、ボールに強い力が加わるようなバッティングが主流でした。ところが近年は大谷選手のように頭を動かさずにボールを引きつけ、身体の回転を使って打つようになっているのです。以前

頭を動かさないバッティング技術

頭を動かさずに打つ選手が増えたため、前後の揺さぶりなどが通用しにくくなっている

のような打ち方であれば頭が動くため、前後の揺さぶりが非常に効果的でした。ところが頭を動かさないスイングをするバッターに対しては、ボールを見極められてしまうのです。そのためバッターの手元で変化をする変化球が必要になりました。ただし、球速のない変化球は見極められてしまうため、球速のある変化球でなければ意味がありません。このことから高速変化球が必要になっているのです。

もう1つのピッチャーの投げ方ですが、現在のピッチャーは以前よりも球速が上がっています。その背景には投げ方の存在があると考えています。以前のピッチャーは肘先をうまく使った投球をしていました。地面から反力を得ると体幹を通して上肢に伝え、肩から肘を返して手や指先、そしてボールに力を伝達するような投げ方をしていたのです。ところがエネルギー伝達という観点からこの動きを見ると、肘がうまく動けばエネルギーを伝

アーム系の投げ方

球速が上がる反面、手首を使った変化球が投げにくい。それにより手首の向きを変えるだけで投げられる変化球が増えている

達できますが、肘がうまく動かなければエネルギーを吸収してしまうことがあるのです。近年増えているのは、腕を伸ばすようにして投げるアーム気味の投球フォームです。この投げ方は肘が伸びているため、ボールに多くのエネルギーを伝えることができますし、研究結果からもそのほうが速いボールを投げられることがわかってきました。

そうなると腕が身体から離れているため、カーブなどのように巻き込んで投げるような変化球が投げにくくなります。どうしても手首がうまく使えないからです。そこで手首の向きを変えるだけで投げられるツーシームやカットボールのほうが投げやすいため、近年は主流になっているのです。

そのような背景を考えると、今後のピッチャーは高速の変化球を投げられるほうがよいでしょう。特に強打者に対しては高速の変化球を組み合わせ

肘を使った投げ方

手首を柔軟に使えるため、巻き込んで投じるような変化球が投げられる。その反面、肘がうまく使えなければ球速は出にくい

た攻め方が必要になると考えています。高速の変化球を投げるためにはグリップと呼ばれる握りを少し変化させ、なるべく真っすぐと近い形で投げていくようにして習得を目指します。ただし問題もあります。それが配球です。

配球については58ページから紹介しますが、変化球を真っすぐに寄せていくほど、打つタイミングがほぼ同じになってしまいます。プロ野球のリポートでも出ているのですが、実際にカットボールがよく打たれるというデータがあります。高速シンカーでも同じですが、このような高速の変化球は右バッターに対してさほど有効ではないという議論も起きています。そのため、どのようなボールと組み合わせていくかが今後の大きなポイントになるでしょう。

変化球を活かす配球の基本

▶15km/hずつの球速差

	球速の例
真っすぐ	145km/h
スライダー	130km/h
カーブ	115km/h

15km/h程度の球速差がある変化球が2種類ほどあると効果的な配球が組み立てられる

球速差と組み合わせで配球を組み立てる

現代の野球では、変化球を投げずにバッターを抑えることは難しいというか不可能に近いでしょう。そのためにはどのようにして真っすぐと変化球を組み合わせるのかという「配球」が重要になります。ここではいくつかの配球の基本を紹介していきます。

前にも述べましたが、変化球を活かすためにはよい真っすぐが投げられることが大切です。そのうえで真っすぐよりも15km／h程度の球速差がある変化球が2種類ほどあるとよいでしょう。たとえば上の表のように真っすぐが145km／hだとすると、スライダーが130km／h程度、さらにカーブが115km／h程度になります。このくらいの球速差があり、さらにフォ

真っすぐの組み合わせ

インコース高目の速球	真ん中高目の速球	アウトコース高目の速球
インコース高目のゆっくり	真ん中高目のゆっくり	アウトコース高目のゆっくり
インコース低目の速球	真ん中低目の速球	アウトコース低目の速球
インコース低目のゆっくり	真ん中低目のゆっくり	アウトコース低目のゆっくり

タテ（高低）とヨコ（左右）の揺さぶり、奥行を組み合わせると12通りが考えられる

※さらにスライダーとカーブが加わる

ークボールなどの落ちる球種があればなおよいでしょう。実際には何種類の変化球を持っているかで変わりますが、スタンダードかつ高校生くらいであれば、スライダーとカーブ、可能であればフォークでしょう。フォークは難しいため、スライダーとカーブを投じられると仮定して話を進めます。

まずは配球の基本である「投球コース」の変化です。これには①タテ（高低）の揺さぶり、②ヨコ（左右）の揺さぶり、③対角線の揺さぶりがあります。ただし対角線の揺さぶりは非常に難しいため、ここではタテとヨコの揺さぶりと、バッターまでの到達時間の変化（奥行＝来ない球と来る球）で考えたいと思います。真っすぐだけでも上の表のように12通りの組み合わせができます。さらにスライダーとカーブが加わるため、より多くの組み合わせができます。ここではじめに考えることは、どの球種とどの球種を対にするかです。つまり真っすぐとスライダーか、真っすぐとカーブか、スライダーとカーブかです。たとえば真っすぐとスライダーを対にした場合、スライダーは基本的

配球の組み立て例1

● 真っすぐ

◀ スライダー

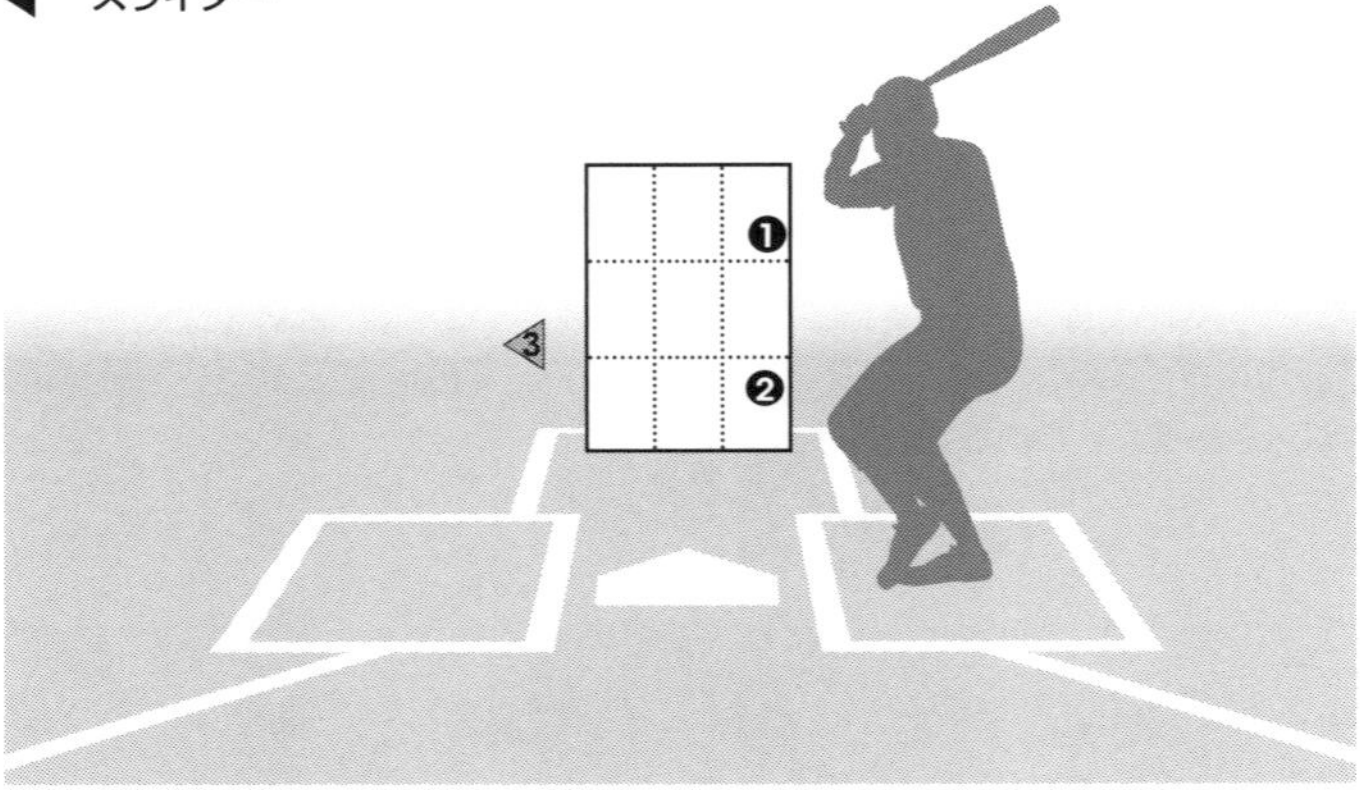

インコースへの真っすぐで追い込み、ストライクからボールになるスライダーで打ち取る

に右バッターであればアウトコースに決まることが望ましいため、インコースに真っすぐを投げられるかがポイントになります。また、真っすぐとカーブを対にした場合には、球速差によって奥行を使います。

続いてどのようにカウントを取っていくかと考えます。たとえば真っすぐを2球投じて早めにツーストライクに追い込み、ストライクゾーンからボールになるスライダーで打ち取ります。バッターの目線や意識を速いボールに置かせ、変化球で凡打を狙うのです。スライダーの変わりにカーブでも同様です。これが組み立ての基本ですが、これだけではこちらの組み立てがすぐに見破られてしまいます。そこで今度はボール球を投じて変化を作ります。たとえばストライクゾーンへの真っすぐからインコースへのボール球のようにです。ま

配球の組み立て例2

● 真っすぐ
▲ カーブ

カーブを続けて投じて追い込み、真っすぐ高目のボール球で打ち取る

た初球にカーブを投じてカウントを取り、続けて真っすぐをファウルにさせて追い込むなど、ボール球や2種類の球種をしっかりと使っていきます。

最後に勝負球（決め球）を何にするかを考えます。これはバッターの反応を見ながら、どのコースにどの球種を投じるかを決めます。球種が多ければこの選択肢がさらに増えるわけです。こうして基本的な組み立てを考えたら、基本の逆もありきで、たとえばカーブを連投して追い込み、最後に高目のボール球を振らせます。カーブは高い所から落ちる球種でバッターの目線が大きく動きます。そこに速球が来るとバッターとしてはバットを入れにくくなるため、打ち取れる確率が上がります。このような考え方を配球の基本にします。

さらに次のページからはバッターのタイプを考慮した組み合わせを紹介していきます。

タイプ別バッターの特徴

実際にはここで挙げたようにはっきりとタイプがわかる選手とタイプが複合している選手がいます。

タイプ1 トップ時にグリップが肩よりも上にあり、ややバットを寝かせる

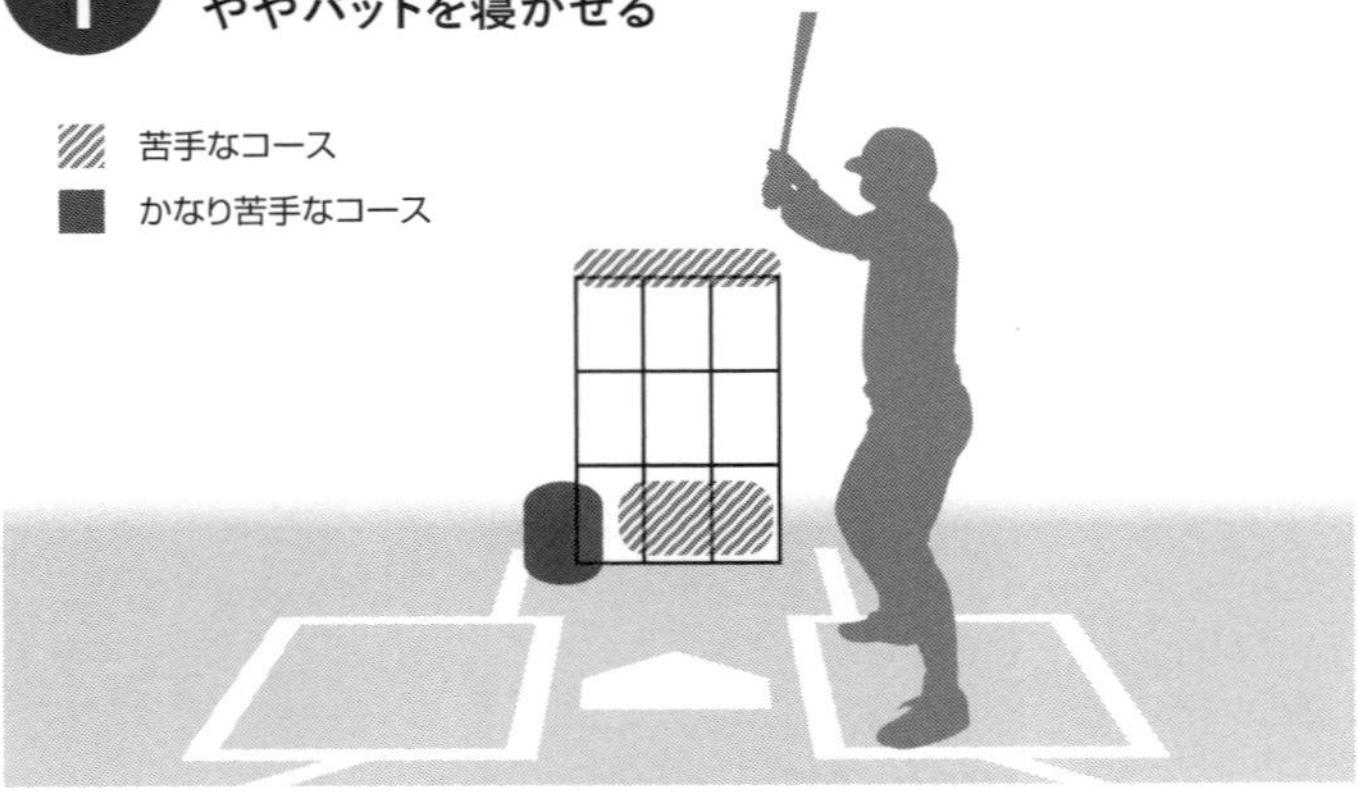

低目に弱く、特に外角低目に落ちる変化球が有効。
また高目のボール球にも手を出しやすい

タイプ2 トップ時にグリップが肩よりも下にあり、ややバットを立てる

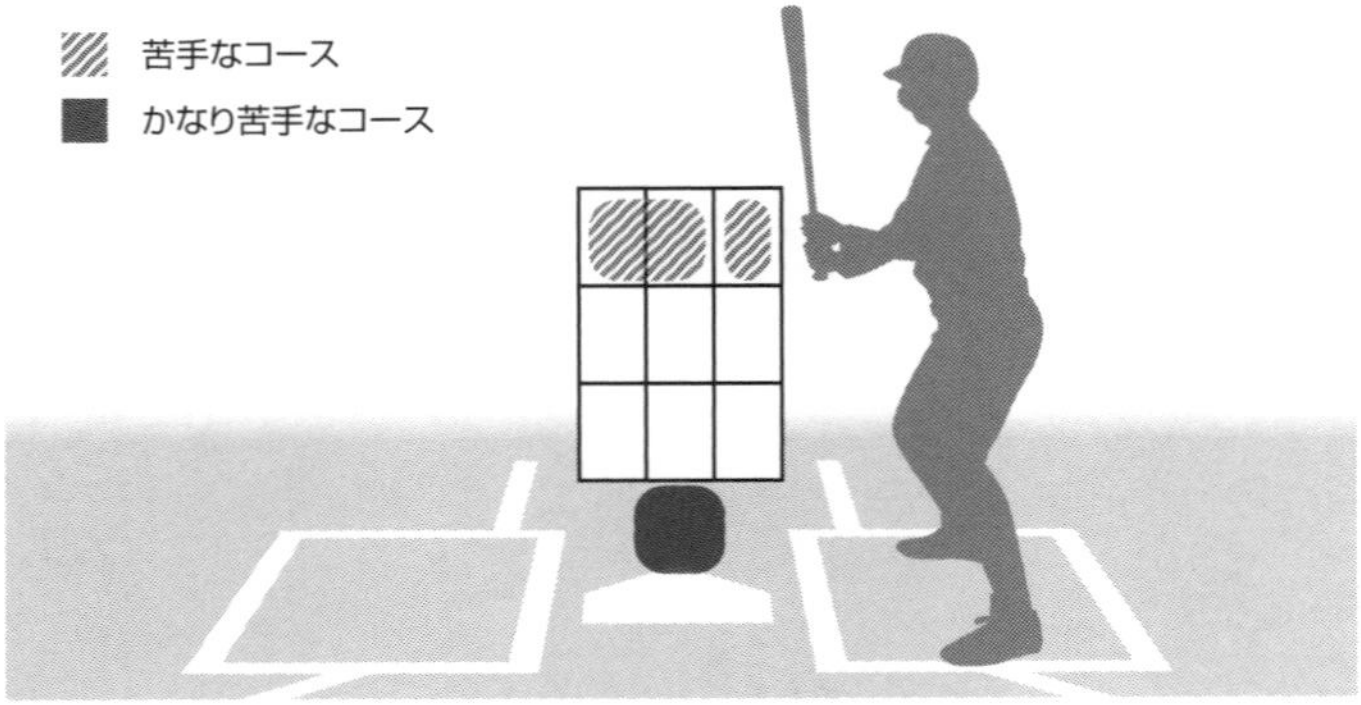

スイング時にヘッドの重さでバットが下がるため、
高目が全般的に苦手

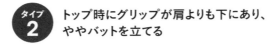

タイプ3 トップ時にグリップが身体の内側に入る

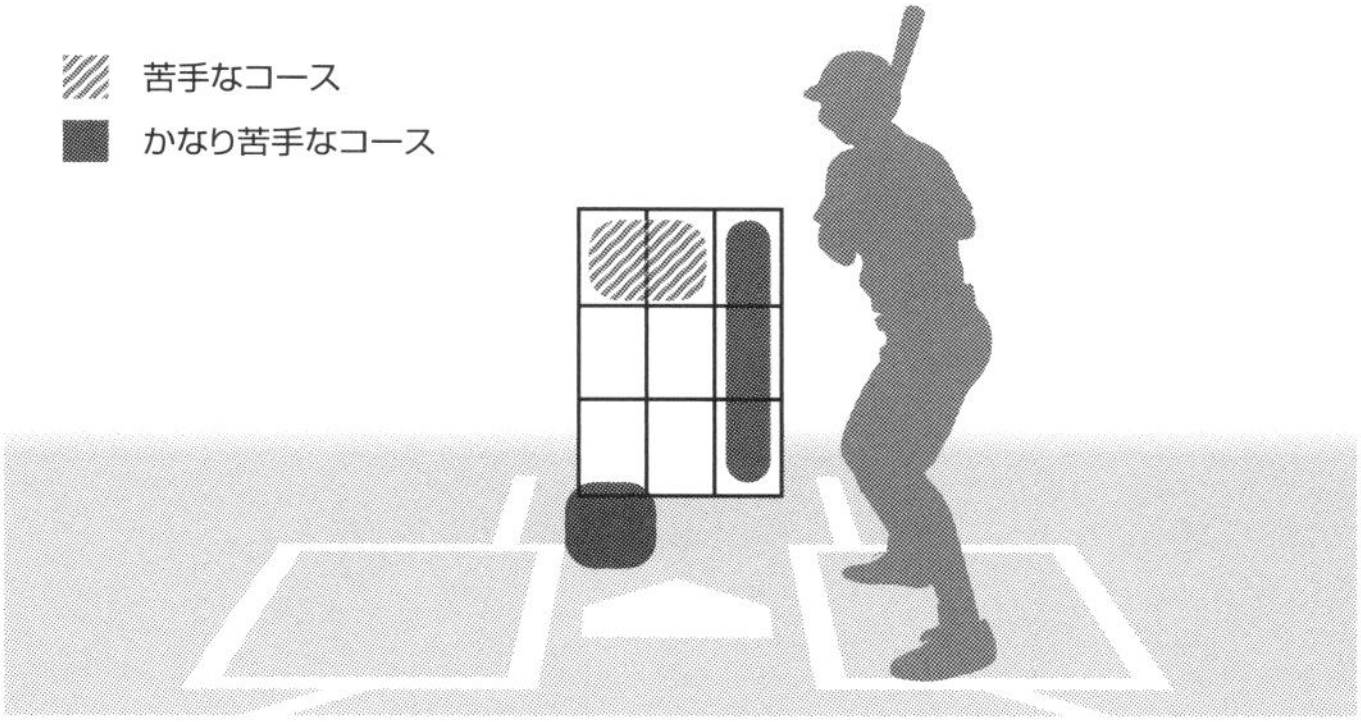

肘が前に出てこないため内角が有効。また、アウトコースに落ちる変化球には、ボール球でも手を出しやすい

タイプ4 ベースの近くに立って構える

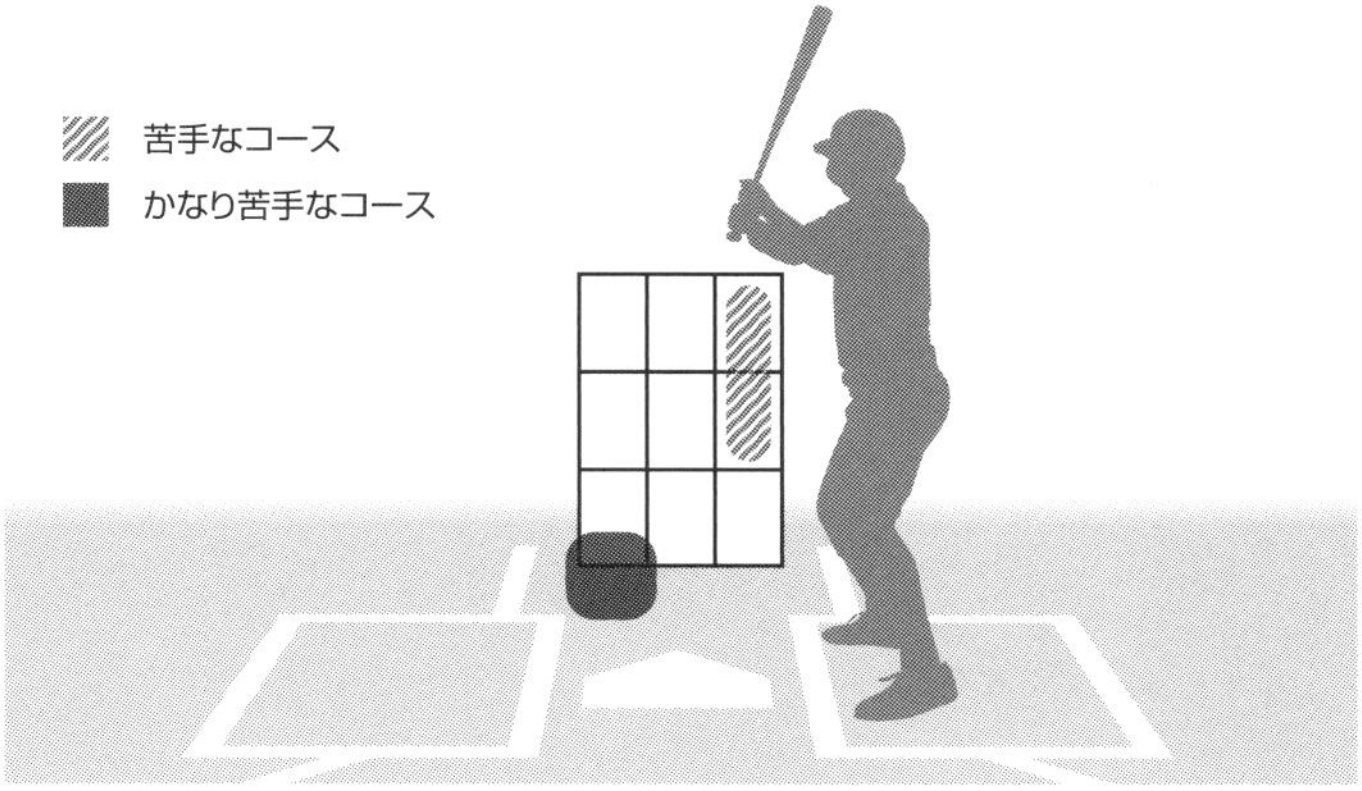

内角を投げさせないようにするためにベース寄りに立っていることが多い。そのため内角高目が苦手

タイプ5 ベースから離れて立って構える

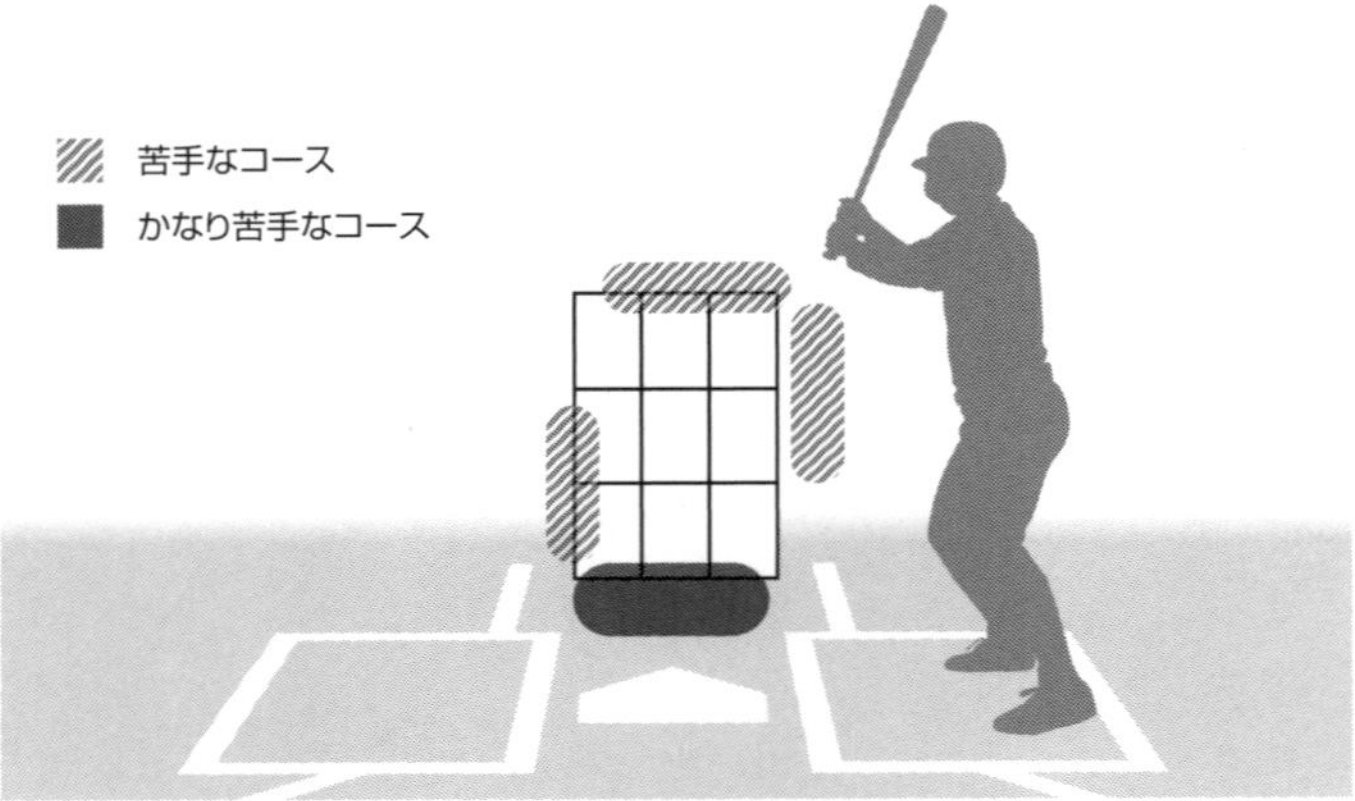

身体の大きな選手が多いため、スイングが窮屈になる内角への攻めや
バットが届かない外角いっぱいが有効になる

タイプ6 当て逃げをしてくる左バッター

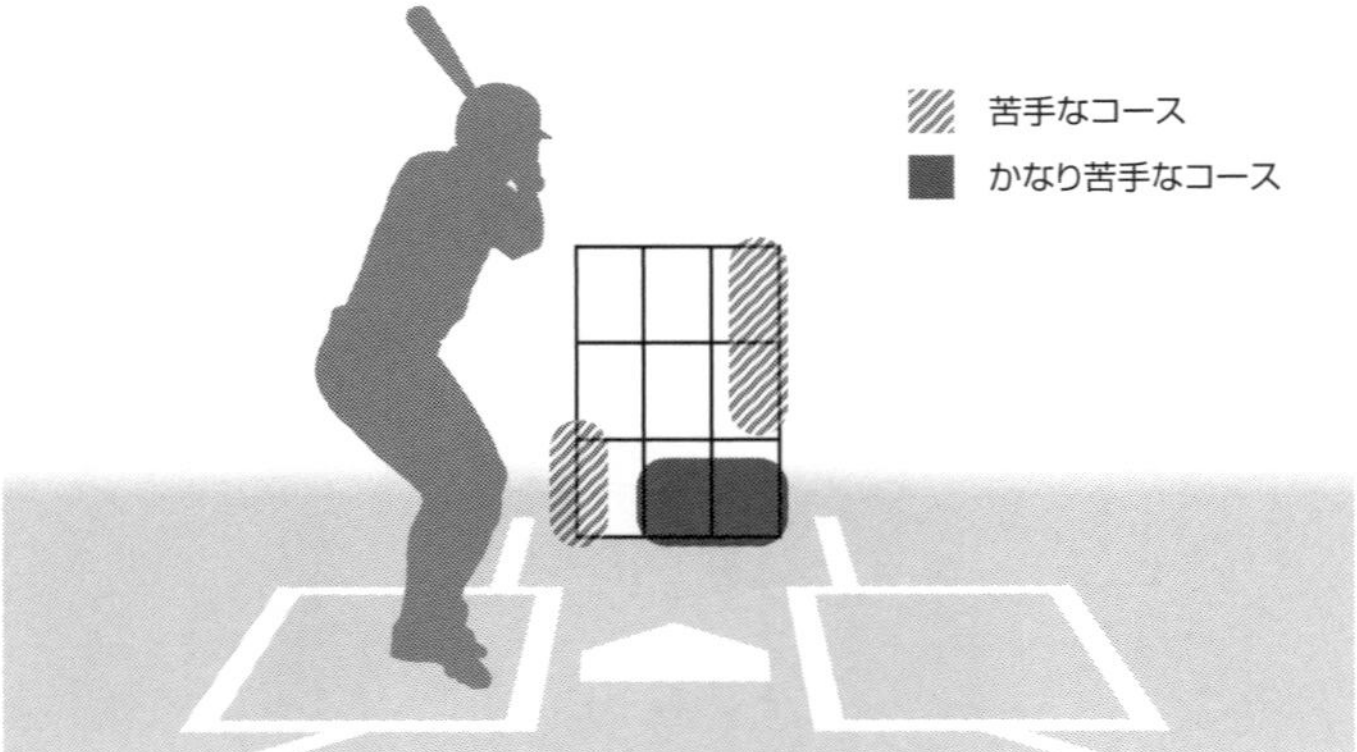

内角から真ん中寄りのストレート狙いが多いため、
その狙いを外す球種やコースが有効

タイプ7 振りが大きい

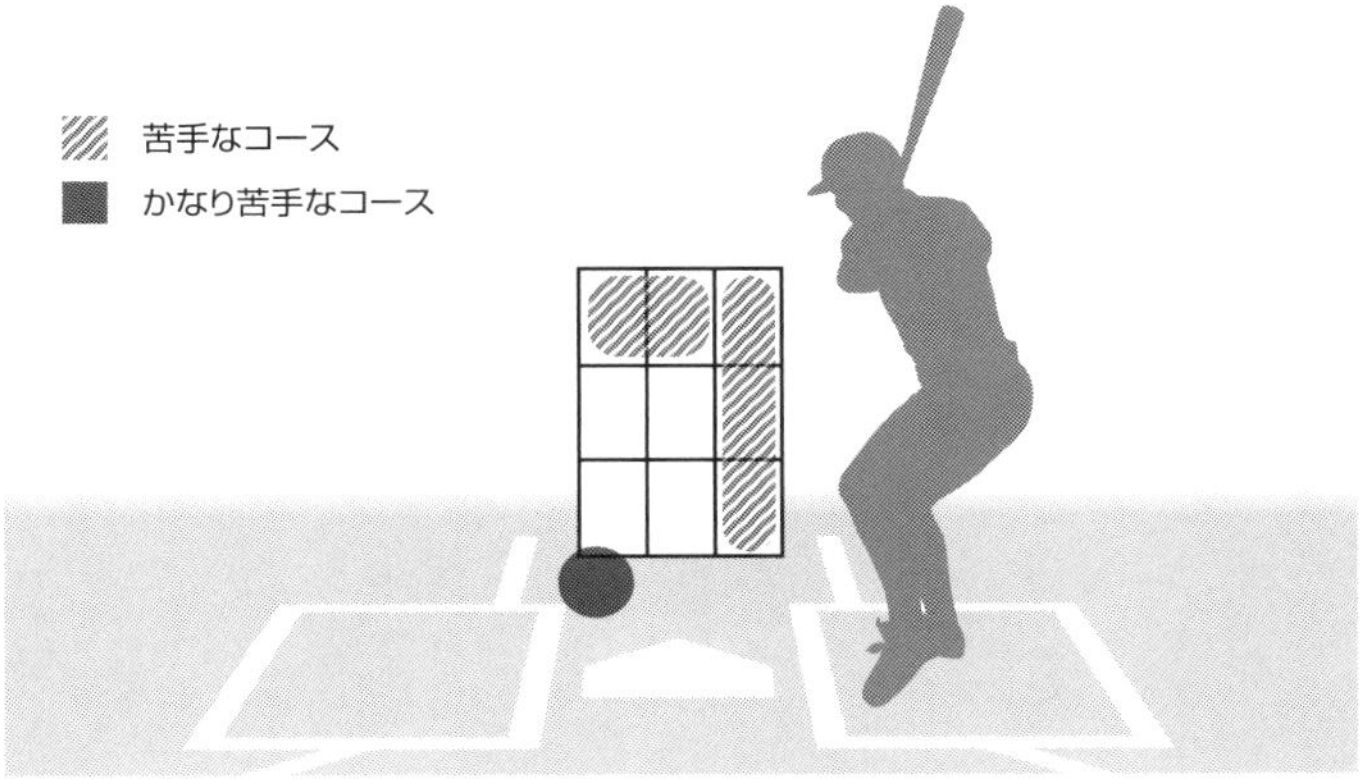

ボールをすくい上げる打ち方をするため、
高目は全般的に苦手である

タイプ8 スタンスが狭い

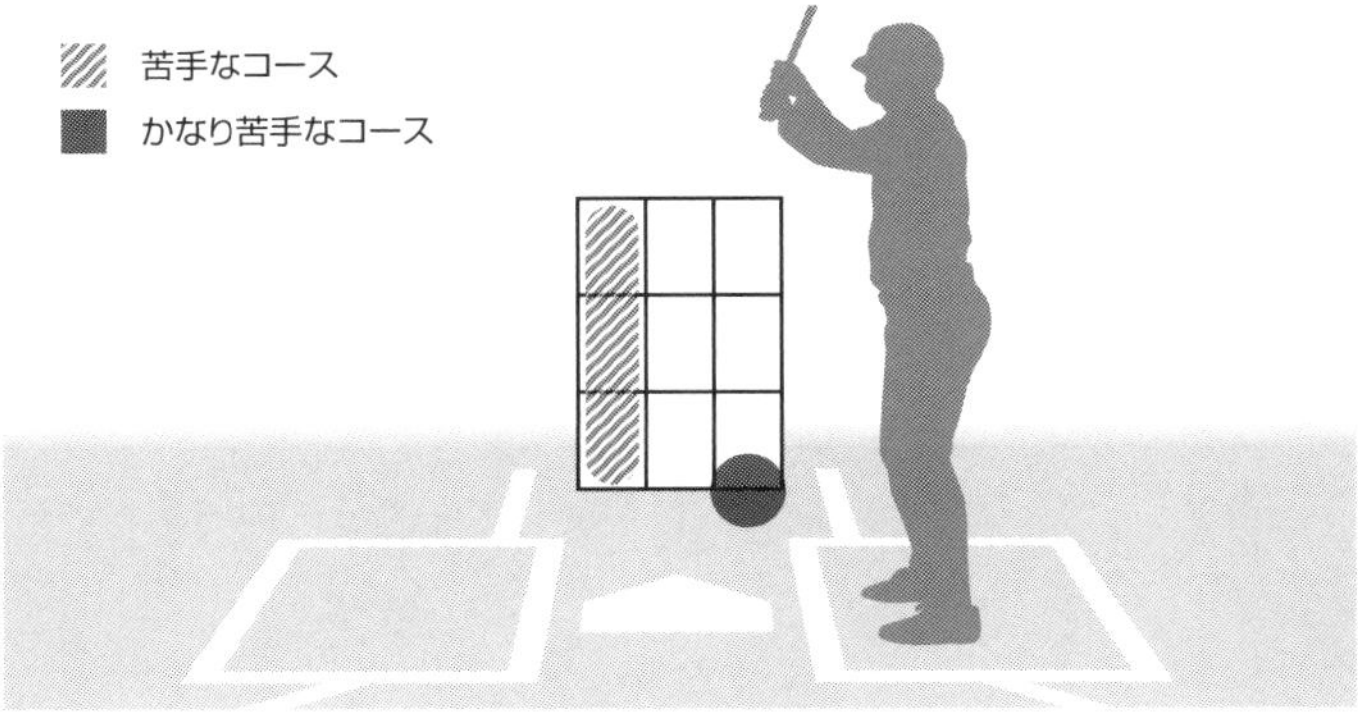

ボールを見極めてからスイングしてくるため、
逃げていくような変化球が有効

タイプ 9　スタンスが広い

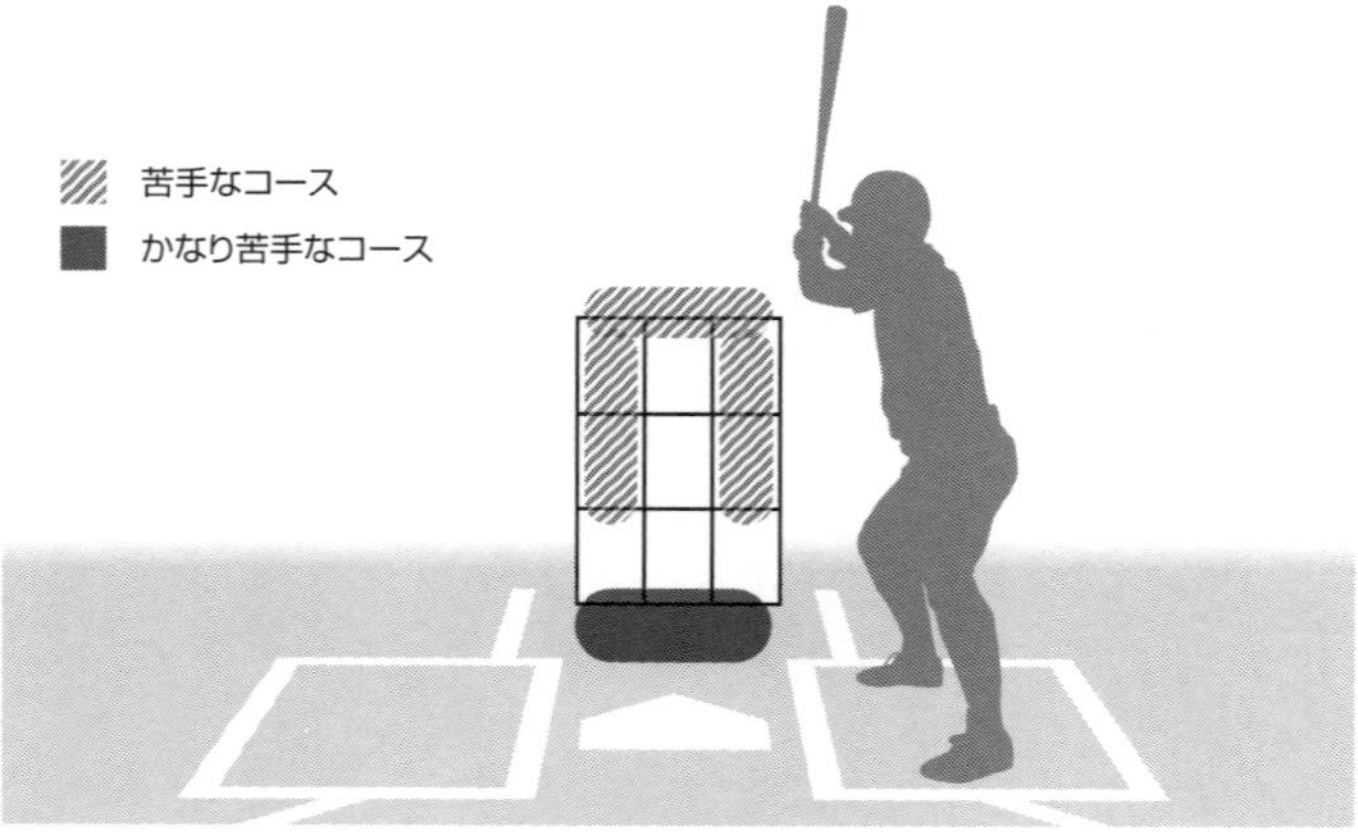

ボールを真ん中に集めずに揺さぶりをかけていく
投球が有効になる

タイプ 10　前かがみに構える

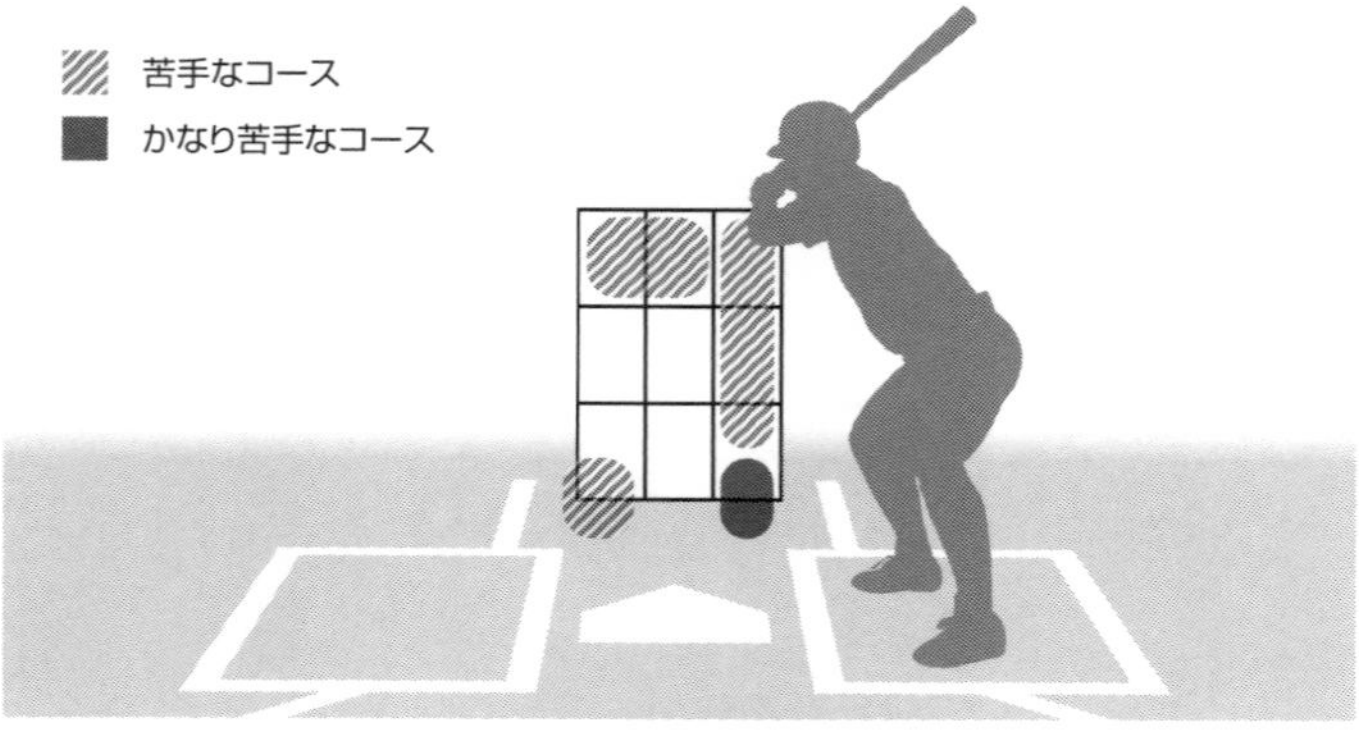

スイングの軌道と合いにくい内角への投球が有効になる

タイプ11 グリップを身体から離して構える

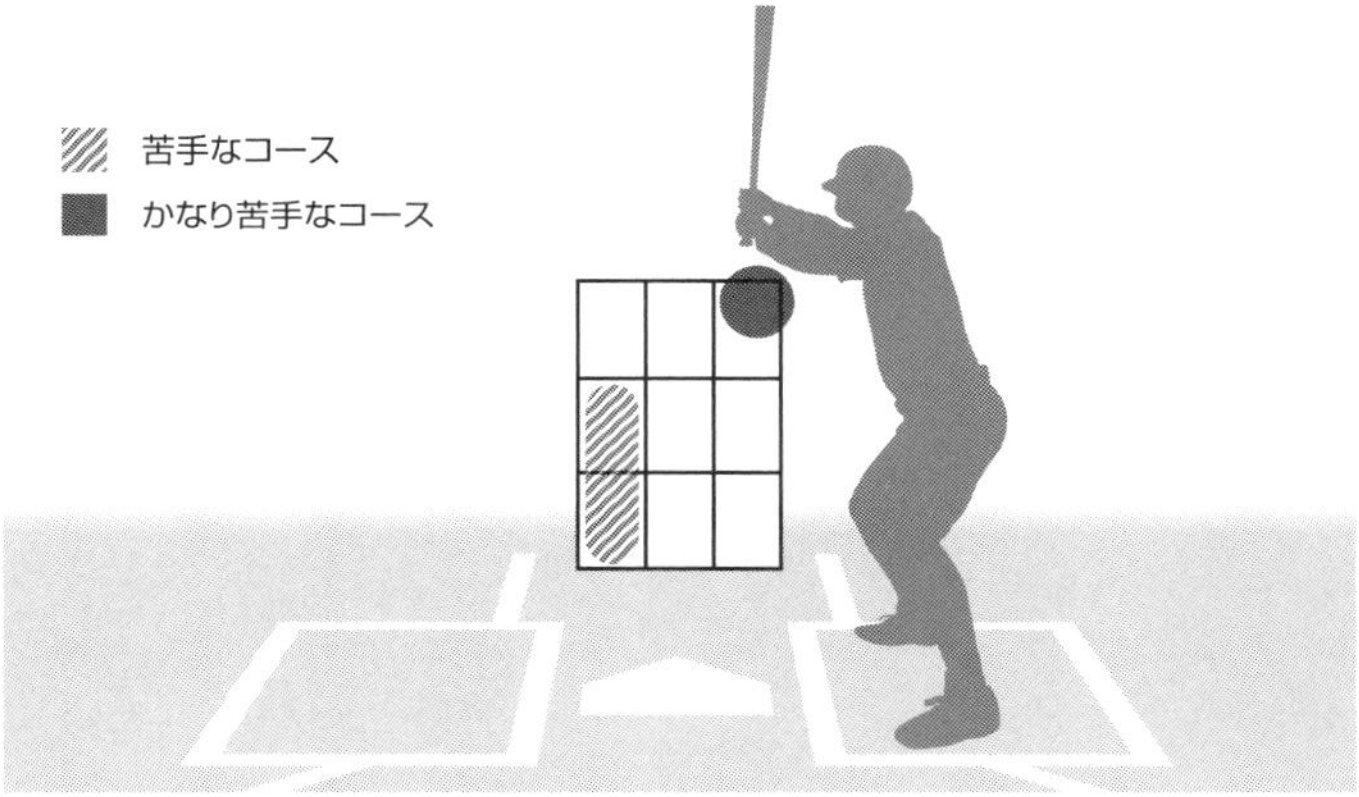

押しつけるようなバッティングをするため、強くスイングできない外角が有効。また、内角高目はボールにバットを当てることが困難になる

タイプ12 バットを寝かせて構える

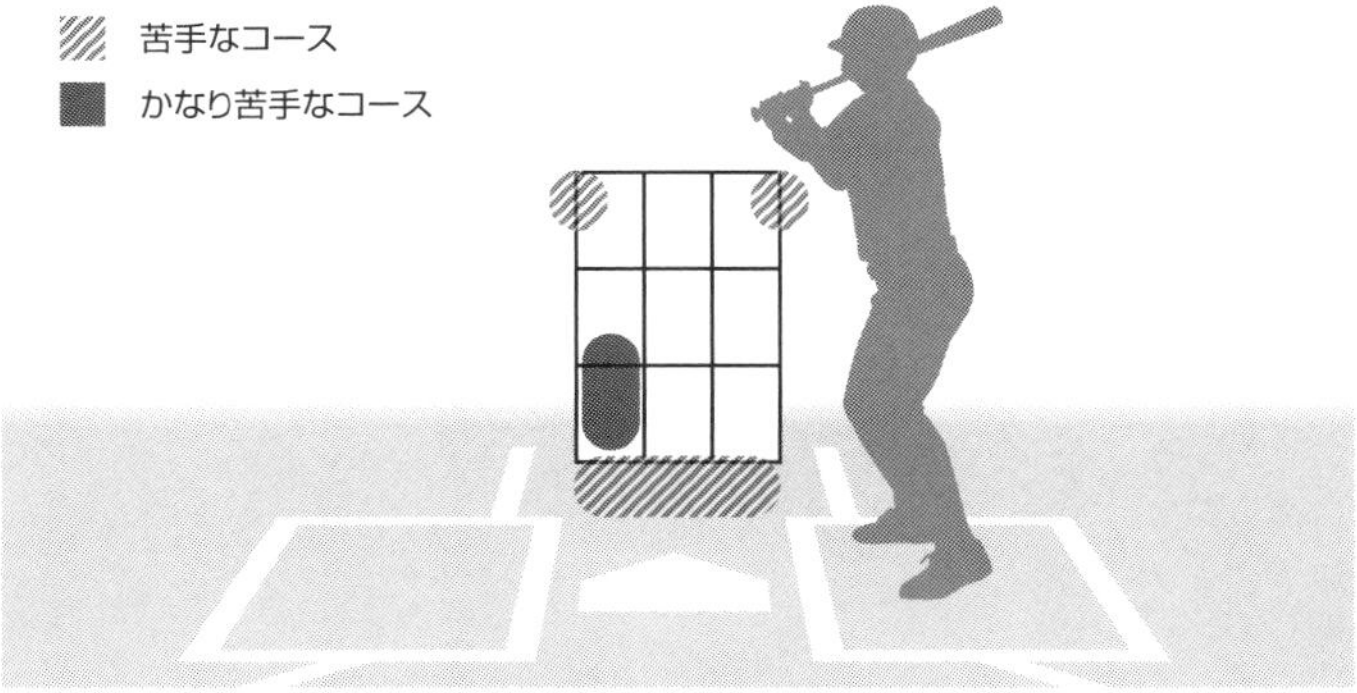

基本的にストレートを狙っているため、バットを出しにくいコースや変化球が有効になる

ピッチングの基本となる3原則 ①

(1) 投球コースの変化

① タテ(高低)の揺さぶり
高目と低目など

② ヨコ(左右)の揺さぶり
内角球と外角球など

③ 対角線の揺さぶり
内角高目と外角低目や内角低目と外角高目など

ピッチングの基本となる3原則

58ページからの配球の基本と重複する内容もありますが、ここからは配球の工夫と、そのやり方を紹介します。

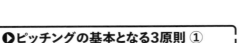

配球の工夫の基本となるのが「ピッチングの基本となる3原則」です。これは(1)投球コースの変化、(2)球道の変化、(3)スピードの変化になります。

投球コースの変化は先ほども紹介した①タテ(高低)の揺さぶり、②ヨコ(左右)の揺さぶり、③対角線の揺さぶりになります。変化球を活かすためには、たとえば真っすぐが高目に伸びていて、カーブのように落ちるボールでタテの揺さぶりを作ったり、インコースへの真っすぐを見せておいてアウトコースに変化球というヨコの変化を作ります。対角線につい

ピッチングの基本となる3原則 ②

(2) 球道の変化

① 同一方向からの揺さぶり

外角速球を投げた直後、その同じ球道からスライダーを投げるなど

② 反対方向からの揺さぶり

投手板の3塁側を踏んで外角速球を投げてから、1塁側へ踏みこみ内角へシュートを投げ込むなど

③ 同じタイミングからの揺さぶり

速球を投げてから、全く同じタイミングでフォークボールを落とすなど

ては非常に難しいのですが、自分よりも力が上のバッターと対戦する場合には「インコース高目からアウトコース低目」や「アウトコース高目からインコース低目」などの組み合わせを使って勝負する必要が出てきます。

次に球道の変化ですが、これは①同一方向からの揺さぶり、②反対方向からの揺さぶり、③同じタイミングからの揺さぶりになります。同一方向からの揺さぶりというのは、真っすぐを投げ、直後に同じ球道からスライダーやカットボールを投げるような組み立てです。特に右ピッチャー対左バッターで有効です。左バッターは食い込んでくるボールに対しての対応に難があるため、ベルトよりもやや高目あたりにカットボールを投げられると、バットを振る距離がなくなるために打ち取りやすくなります。反対方向からの揺さぶりはバックドアやフロントドアと呼ばれる投げ方です。たとえばプレートの3塁側を踏んでアウトコースに真っすぐを投げてから、1塁側へ踏み込んでインコースにシュートを投げ込むなどが

ピッチングの基本となる3原則 ③

(3) スピードの変化

① 球速の緩急による揺さぶり

速球とカーブなど

② 投球フォームの緩急による揺さぶり

ゆったりとした大きな投球フォームで投げたり、
クイック気味の小さな投球フォームから投げ込むなど

③ 投球間隔の緩急による揺さぶり

投手がマウンド上でボールを長く保持したり、テンポよく投げ込むなど

あります。ただし、これは指導をしていても習得が難しいと感じています。最後に同じタイミングからの揺さぶりですが、真っすぐを投げてから、全く同じタイミングでフォークボールを投げるなどになります。近年はラプソードやテクニカルピッチがありますので、投球角度と投球コースを見比べながら作っていきます。たとえば真っすぐもフォークボールも投球角度がマイナス4度になるように調整することで、バッターからすると見た目が同じようになり、手を出す確率が高くなります。よくあるケースですが、よいフォークボールが投げられるピッチャーであっても、高目にしか伸びる真っすぐを投げられないことがあります。そうするとどれだけ落差の大きいフォークボールが投げられたとしても、バッターはバットを振りません。真っすぐとの軌道（高さ）が全然違うため、低目を打たないという選択をするからです。このようなことを避けるためには真っすぐと変化球で、投球角度と投球コースの高低を揃えることが重要です。

配球を工夫することでバッターを打ち取れる確率が格段に高くなる

最後のスピードの変化ですが、これには①球速の緩急による揺さぶり、②投球フォームの緩急による揺さぶり、③投球間隔の緩急による揺さぶりがあります。特にアマチュアのレベルでは非常に大切であり、この変化だけでもかなり打ち取ることができます。まず球速の緩急による揺さぶりですが、前に述べた15㎞／hの球速差のことです。「もっと球速差があったほうがよいのでは？」と思われるかもしれませんが、あまりにも球速差があるとバッターはタイミングを取り直してしまいます。タイミングを取り直すことができない球速差を考えると、基本は15㎞／h程度になります。投球フォームの緩急による揺さぶりは、ゆったりとした大きな投球フォームで投げたり、クイック気味の小さな投球フォームから投げ込むことです。最後の投球間隔の緩急による揺さぶりは、ピッチャーがマウンド上で長くボールを保持したり、テンポよく投げ込むことになります。

▶ 信頼できる決め球を考える ①

スライダー

① 右打者では外からボールになる球、もしくはインスラを

② 左打者では内角低目に落ちる球、もしくは外のボールからギリギリ外へ

③ 内角速球などの伏線が大切

④ 曲がりの大きさよりキレが重要

カーブ

① バッターのタイミングをはずすボールである

② ピンチのときに遅い球を低目に投げる勇気も必要

決め球を考えるときのポイント

これらの3原則に加えて、ストライクを取る球や決め球を考えることが大切です。決め球は基本的に真っすぐと同じような投球角度で、できるだけ真っすぐに近い球になります。それからストライクからボールになる球種も基本です。それからストライクを取ることを考えたときに、大事にしてもらいたいことがあります。それが状況的に追い込まれたシチュエーションでの投球です。たとえば実戦練習時に3－1などのボール先行のカウントになると、途端に不安になってしまい、仕方なく真っすぐを投げて打たれるケースがよくあります。このようなシーンでストライクを取れる変化球があれば、精神的にも余裕が生まれ、とても楽に投球ができます。ですから日頃の練習やブルペンでの調整時には、追い込まれた状況をイメージした投球もしてもらいたいと思います。追い込まれた状況で有効になるのが、球速が遅い球です。ピッチャー

信頼できる決め球を考える②

アウトコース低目の真っすぐ

① 一番確率の高い安全な球

② 困ったときに八分の力で投げ込む

フォークボール（落ちる球）

① ピンチのとき、その打者の好きなところへ投げ込めるか

② チェンジアップとして使う

の心理からすると、遅い球を打たれることをとても後悔します。そのため投じることをためらう選手も多いのですが、バッターにとってもチャンス時はあまり遅い球をイメージしていません。そこにカーブを低目に投じることができれば意外と抑えることができます。ピッチャーにはそのような勇気を持つことも必要です。

スライダーを決め球にする場合には、右バッターに対してはアウトコースからボールになることが基本です。曲がりの大きさよりもキレが肝心であり、できるだけバッターの手元で曲がることが大切になるため、この点はしっかりと追求することが重要になります。また、インコースへのスライダー（インスラ）はコントロールが難しいのですが、踏み込んでスイングするバッターには非常に有効です。踏み込んでくる際にボールが見にくいため、打ち損じが多くなります。日本人のバッターであればあまり踏み込んでこないため、肩口からの変化であるインスラは打たれる可能

▶ 信頼できる決め球を考える ③

インコース高目の真っすぐ

① 三振を取る球（強打者はここが弱い）

② 思いきって投げる勇気

インコース低目の真っすぐ

① 左投手が右打者へ、右投手が左打者へと投じるボール

② 外を十分意識させてから投じる

アウトコース高目の真っすぐ

① 三振を取る球

② 内野フライを打たせる球（内野フライは三振に等しい）

性が高い危険な球になります。ところが海外の選手は踏み込んでくるバッターが多いため、国際試合ではとても効果的です。

左バッターに対しての決め球を考えると、インコース低目に落ちる球や外巻きのスライダーを覚えておくと有効です。

それからインコースの真っすぐなどの伏線も非常に大切です。先ほど対になる球と述べましたが、インコースに投げてからアウトコースに投げると甘くなってしまうことが多いのです。そのため、普段の練習からきちんと投げ分けられるようにしておくことが必要になります。

続いてフォークボールなどの落ちる球です。落ちる球については、どのくらいの球速で投げられるかが決め球にできるかのポイントになります。先ほどの球速差15㎞／hで考えると、真っすぐが１４０㎞／hであれば、１２５㎞／hくらいが非常に有効です。このような球速の落ちる球を投じられると、バッターが前のめりになって片手でスイングをし、空振りに終わるといったシーンが見られるでしょう。また、もう少し真っすぐに近い

より打ち取る確率の高い配球を考える

1 配球を選択するときの考え方

① 論理から導けるか
➡しかし、論理だけで配球は決定できない

② 配球とは何か
➡体験と経験に依存する

③ 体験とは何か
➡常に考え、振り返りながら野球をする。ただやっていたのでは体験は積めない

➡ 1つのことから複数のことを想像する力が必要

2 配球ができる捕手の考え方

① 一球一球に意図を持たせること　**② 考えることと考えすぎることの取捨選択**

➡ 結局シンプルに。迷ったら一番安全なアウトコース低目

球速で落とすとなると、5～10㎞／hくらいの球速差が効果的です。ただし難しいのは、あまり球速があると球が落ちなくなるという点です。54ページで述べた高速変化球ですが、パワーシンカーや高速カットボールのような球種は意外と打たれています。その原因は思った以上に球が落ちないからです。現代の野球で最も三振が取れる確率が高い変化球は、ある程度の球速を保ちつつきちんと変化する球種です。ぜひそのような球を模索し、習得しましょう。また、上の要素も参考にしてください。

最後に左ピッチャーについても触れておきます。よく左ピッチャー対右バッターは打たれると言われますが、これは懐に入ってくるボールを捉えやすいからです。バッターにとって嫌な球を考えると、外に逃げながら落ちるボールになります。そのためチェンジアップ系を効果的に使うことができれば対右バッターに効果的です。また、昔のスクリューボールのような球種があると便利です。ただし、あまり投げすぎるとスライダーや真っすぐに影響を与えるため、投じる際には気をつける必要があります。

変化球の質を高める

▶スライダーに3種類の曲がり方を持たせる

1つの球種で複数の曲がり方ができるようになると配球の幅が大きく広がる

1つの球種で複数の曲がり方を持つ

変化球の種類によってはコントロールの精度が難しくなりますが、スライダーのように真っすぐに近い球種は比較的コントロールがしやすくなります。そうは言ってもピッチャーにとって難しいのは曲がり幅を調節することです。たとえば今30cm曲げたとしたら次の一球は50cm曲げようといったことです。さらに曲がり幅が一定になるかどうかは、実際に投げてみなければわからないところがあります。そのため、できればベースの真ん中を基準に2分割し、左右に投げられると理想的です。スライダーであれば、基本となるのはベース

左ピッチャーが覚えたい球種

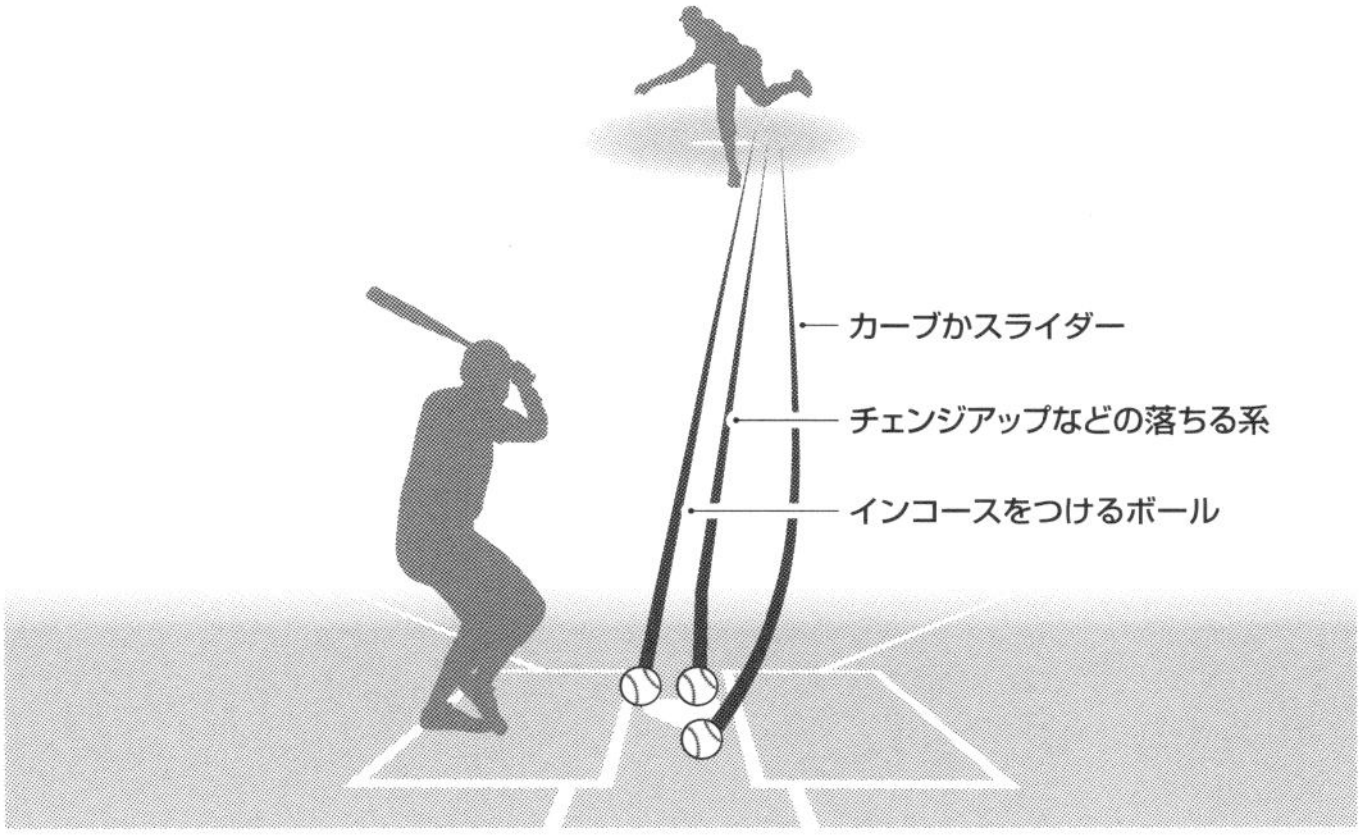

3種類ほどの変化球があることが望ましい。チェンジアップを投じる際には捻らずにチェンジオブペースとして使うほうがおすすめ

の外側をかぶるような曲がり方です。ただし、この曲がりだけだと左バッターに対して打ち頃の変化になるため、一瞬ボール球に見えてから左バッターのアウトコースに入ってくるような外巻きのスライダーも覚えたいところです。この場合はそれほど大きく曲がらないため、バッターの目線を外すことが目的になります。そして決め球にするためには、真ん中くらいの高さからヒザの下に落ちていくような縦の変化をするスライダーがあるとよいでしょう。このように3種類のスライダーを挙げましたが、三振を取るためにはこれらの投げ方を覚えてもらいたいと思います。特に外巻きの変化は左バッターに対して非常に有効なため、ピッチングの幅を広げるためにはとても重要になります。

対左バッターを考えたときに覚えてもらいたい

球種が、チェンジアップに代表される落ちる系のボールです。あまり完璧を求める必要はなく、ほんの少し落ちるだけで十分です。左バッターにとってはスライダーで身体を起こされた状態で、チェンジアップの落ちる球に対応するというのは非常に難しいからです。そのため、配球としては非常に幅が広がります。完璧を求めすぎると自信のあるボールに影響が出るため、この点はくれぐれも気をつけてください。

それから左ピッチャーを考えた場合ですが、右バッターへの基本としては対角に投げていくことです。インコースをついていくようなボールと落ちる系のチェンジアップ、さらにカーブかスライダーが投げられたらよいでしょう。その際の注意点としては、チェンジアップを覚える際に手首を捻りすぎないことです。捻る動きが入ると真っすぐの質が悪くなるため、捻るのではなくそのまま投げるようにして、チェンジオブペースとして使う球種になれば十分です。

少し話は変わりますが、野球界全体では真っすぐと変化球の配分はおおよそ6対4で、真っすぐのほうが多いのが現状です。ところがメジャーリーグではこの比率が逆転し、4対6で変化球のほうが多く、日本のプロ野球では5対5くらいで、実際には真っすぐが48、49％くらいになります。ジュニアの世代であれば、やはりストライクを取れることが最も大切になるため、その球種として一番信頼ができるのは真っすぐになります。そのため野球界全体では6対4が基本になります。この章の冒頭でも述べましたが、変化球を活かすためには真っすぐの質が非常に重要です。そのことも頭に置きながら変化球の質を磨いてください。

第3章

コンディションと変化球の関係

テーマ1

真っすぐと変化球を考える

川村 井脇

真っすぐを投げられることがすべての基本になる

——変化球の前に真っすぐと変化球の違いについて、お二人の見解を教えてください。

川村　まず真っすぐ（ストレート）はすべての投球だけでなく、野球そのものの基本になるボールだと考えています。そして真っすぐがあって変化球が活きます。たとえば野手にしても真っすぐに狙ったところへ投げられることで、相手が捕りやすいボールになるわけです。これがピッチャーになると、真っすぐに狙ったところに投げられるというだけでなく、真っすぐイコールホップ成分やバックスピンが大きな変化球と言うことができると思います。つまり、真っすぐも変化球の一種だと捉えられるわけですね。

井脇　そうですね。川村先生のおっしゃった真っすぐがあっての変化球というところは、私もまったく同意見です。ただ、真っすぐのメカニズムの大きな変化が下半身の使い方です。以前は接地から体重移動、リリースにかけてのよいイメージは「イチ、ニ、のサン」と表現されました。踏み出し脚の接地から体重移動時の「間」があり、コッキング時に腕をトップに持ってくる動きに余裕が生じます。近年のメジャーリーグでは「イチ、ニ、サン」、つまり踏み出し脚の接地と同時にエネルギーを放出する動きがトレンドとされています。

川村 俗に言うアーム式という投げ方ですね。誤解を恐れず言うとアーム式のほうが速いボールを投げやすいということはありますし、アーム式で投げるピッチャーも増えています。前にも述べましたがエネルギーの伝達という観点からすると、肘という関節は邪魔になることがあります。本来であればエネルギーを伝達したいのですが、肘関節がうまく動かせないことでエネルギーを吸収してしまう場合があります。さらに、現在は球速を求める方向になっていますから、余計にアーム式が選ばれやすいのでしょう。その結果、肘から先がうまく使えないわけです。以前の選手たちはいろいろなポジションを守ったり、遊びながら野球をしたりしていましたが、現代は最初からピッチャーという子が多いので、より肘から先を使った投げ方をしなくなっていますよね。

川村 球種によっては真っすぐとの投球角度を合わせることが大切

井脇 肩関節や肩甲骨、胸郭の連動性、柔軟性と伝達能力を高めることが重要

――変化球を投げたり習得する段階では肘がポイントになるのでしょうか？

井脇　トレーナーの観点からすると、腕が身体から離れないような投げ方、いわゆる外回りの動きをすると肘へのストレスが多くなってしまいます。肘をうまく使った投げ方にしろ、アーム式にしろ、下肢と上肢のギャップをいかにして作るかが大事であり、併進運動（88ページ）ができるかどうかが重要になります。投球について考えたときにどうしても上半身に注視しがちになりますが、やはり腕を操作するための必要要素として、下半身がどれだけ使えるかですね。そのうえで上半身の使い方になってくると考えています。

川村　その通りですね。肘をうまく使えるかどうかについて、カーブを例にしてお話しします。昔のピッチャーがよく投げていたドロップ系のカーブ（縦のカーブ）ですが、この投げ方は親指がどこまで関与できるかがポイントになります。リリースするまでに、できるだけ長く親指をボールにつけておくことが理想ですが、これができないピッチャーがいます。その理由は肘を柔らかく使えないからで、アーム式の投げ方をする選手はこの動きが顕著になります。アーム式は腕が身体から離れるため、親指をボールにつけ続けることが難しいからです。その結果、アーム式で投じた縦のカーブはカーブとスライダーの中間（スラーブ）のような変化になり、あまり効果的な変化とは言えません。親指がしっかりと関与した縦のカーブは、なかなかバッターの手元にボールがこないため、緩急をつけた投球には非常に有効です。ここでポイントになるのが外旋という動きです。

井脇 肘を上げた状態で我慢をしてボールにエネルギーの伝達ができるかということですね。昔は野手を守ったり遊びながら野球をすることで、リストワークやハンドワークを覚えていきました。ところがこれをしていないと、コントロール（制御）できない投げ方になってしまいます。内野がショートスローをするにしろ、ピッチャーの投げ方にしろ、しっかりと外旋角を作ることができる機能が大切だと思います。

川村 今、井脇さんが言ったことと重複しますが、肘回りがうまく使えない選手は、スナップスローができないことが多いですね。スナップスローは肘から先を瞬間的にうまく使った投げ方です。専門的な用語では回内や回外という動きをうまく使うわけです。肘が使えないと腕を伸ばしたような投げ方になるため、ストライク方向やキャッチャー方向にボールを投げることが難しくなってしまいます。

井脇 アクセラレーション局面（86ページ）ですよね。ここで外旋角をしっかりと取り、身体を機能的に使えているかどうかは、変化球だけでなく、よいボールを投げるためには必要不可欠です。それから球種にもよりますが、変化球を投げることで「フォームが緩む」状態になることがあります。変化球は真っすぐと比べていろいろなギャップを作るわけですから、やはりそれだけ身体に負担がかかりますし、真っすぐとは異なる負荷がかかります。その際によい変化球の投げ方をしている選手は、胴体回りや肩回り、肘回りまでがバランスよく張ります。ところがいわゆる手投げの選手は、アンバランスな張り方になります。以前、山本昌氏のストレートとスクリューの投げ方を比較した映像を見たことがありますが、びっくりするくらいフォームが変わりませんでした。一般的な選手は、やはりどこかの運動性や連動性が落ちてくるとフォームが緩んだり、肘が下がったり、急に腕の振りが遅くなったりという形で表面化するのでしょう。

川村　井脇さんが話してくれたフォームが変わらないという点ですが、我々が変化球を習得させる際には前述したラプソードを使います。その際に見る数値の1つに投球角度があります。投球角度はボールが指から離れたときの角度になりますが、多くの変化球は真っすぐよりも少し上方向になります。これをなるべく真っすぐと同じ角度（数値）にするように調整していきます。もちろんカーブのように真っすぐとはっきり分かれたほうがよい球種もありますが、カットボールやフォーク、スプリットなどの球種は真っすぐと同じ軌道で進みバッターのできるだけ近くで変化するようにしたいと考えています。そうすることでバッターから空振りを取れる変化球になります。

井脇　今の川村先生の話を聞いて改めて思ったことが、先ほどもお話した肩の外旋角です。特にカーブ系などスピードのギャップを求める変化球では、外旋角がより求められます。スプリットもそうですね。実際に選手を見ていると、これらの球種は肩の外旋角、それを司るコンディションの差が出やすいと感じます。ボールに回転をかける要素として、肩の外旋角、いわゆるしなりは非常に重要です。そのためには動作の連動性、柔軟性と伝達能力が大事で、その機能をどれだけ高められるかが変化球の質に影響してくると思います。具体的には肩関節や肩甲骨、胸郭の動きです。これらの部位がいかに連動して動かせるかです。コンディションの悪い選手や過去に肩肘などを痛めた経験のある選手は、恐怖心や機能低下により、無意識のうちに胸郭・肩甲骨と腕との協調性が少ない、操作優先（いわゆる小手先）でボールを投げているケースが少なくありません。そうなると、投球時に過分なストレスがかかり、肩肘を痛める危険性が高まります。これを防ぐためにも、肩甲骨周りや胸郭との連動性を高めるトレーニング方法を第5章でご紹介したいと思います。

川村　第2章でも述べましたが、日本の野球では真っすぐと変化球の割合が5対5くらいであり、メジャーでは変化球が6～7割と投球の半分以上を占めるようになっています。そのため、はじめから変化球主体のピッチングを目指してしまう選手もいるでしょうが、あくまで基本は真っすぐです。やはりストライクゾーンに確実に投げ込める真っすぐがあってはじめて変化球が活きてきます。その点はしっかりと頭に入れて変化球の習得に臨んでもらいたいと思います。

用語解説とポイント

ピッチングの7つの局面

ピッチング動作を局面ごとに解説する

ピッチングの局面は、いくつかの分け方ができます。一般的には（1）ワインドアップ局面、（2）コッキング局面、（3）加速局面、（4）フォロースルー局面という4つの局面で考えることが多いのですが、本書では上の図のように7つの局面に分けています。

まずは、それぞれの局面の動きを簡単に紹介します。

①ワインドアップ局面➡振りかぶる動作から踏み出す脚を上げ、軸脚（プレート側の脚）で立つまでを指します。

②ステップ局面（踏み出し脚の着地）➡併進運動で体重を移動させて踏み出し脚が着地するまでを指します。

③アーリーコッキング局面（肘を上げはじめる）➡踏み出し脚が着地して加速がはじまるなかで、両手を割り、投げるほうの肘を上げていく場面を指します。

①ワインドアップ　②ステップ　③アーリーコッキング

④レイトコッキング局面（肩関節が最大外転・外旋に達した状態）➡加速しながら肩関節が最大外旋に達した状態、つまり最も腕のしなりが起こる局面を指します。

⑤アクセラレーション局面（ボールを離すまで）➡レイトコッキング局面まで肘が上がって最大外旋を迎えていた肩を、このフェーズで一気に内旋させていきます。

⑥リリース局面➡ボールが指先から離れる局面になります。

⑦フォロースルー局面➡ボールをリリースしてから投球動作の終了までを指します。

それぞれの局面で必要な動きを知り、トレーニングに取り入れることで、理想とする真っすぐを投げられるピッチャーに近づいていきます。

用語解説とポイント

ステップ局面

併進移動のイメージ

上下に力を分散させずに重心を横方向へ移動させることで、しっかりと脚を開いていく。全身で速い球を投げるためには必要な動きになる

投球方向
膝が落ちないようにしていく（内転筋群を意識する）
しっかりと外転をしていく（股関節が開いていく）

軸脚側に体重を残しながら脚を開く

ステップ局面は、併進運動によって体重を移動する動きになります。併進運動は全身を同一方向に平行移動する運動で、ピッチングでは地面をつかんで生み出した力を十分にボールに伝えるために必要になります。ワインドアップ局面の立った状態から併進運動をするのですが、重心を十分移動させ、上下に力を分散させずに横へ進むことで、力を生み出すことが可能です。ただし、上半身がホーム方向へ突っこんではいけません。着地前に下半身の回転が行われてしまうと、腕の力だけで投げるしかなくなるからです。併進運動による体重移動のイメージとしては、股関節と膝関節、足首がやや屈曲したスクワットの最初の姿勢のような状態（パワーポジション）になっていることが理想です。

基本的な動きは次のようになります。

併進移動のNG

併進移動をする際に重心がどんどん下がっていってしまう

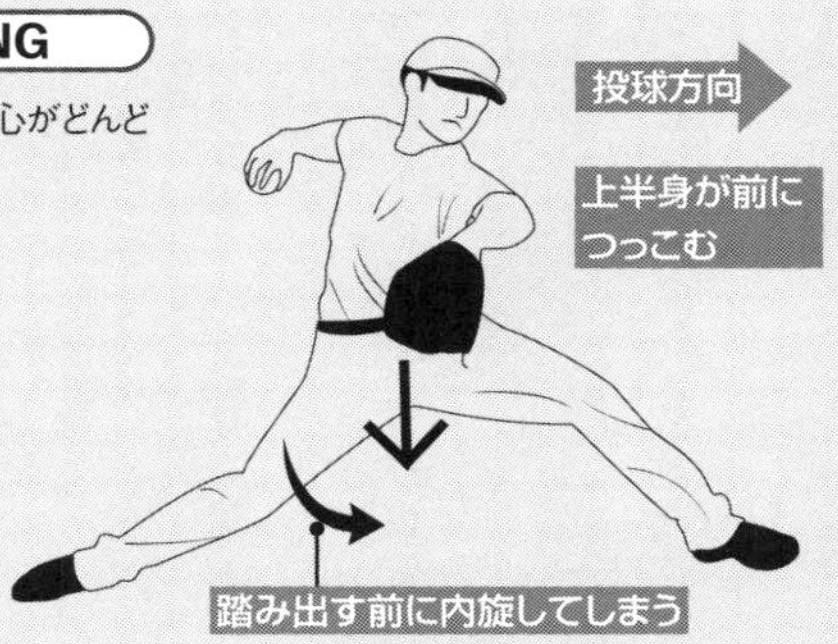
投球方向
上半身が前につっこむ
踏み出す前に内旋してしまう

①プレートに軸脚の力を長く加えるイメージでステップする。
②股関節と膝関節、足首が若干屈曲した状態から股関節を入れ、軸脚を外転させる――胸から股関節までを一直線にし、プレートを長く使いながら脚を大きく開いていく。
③タメをつくった状態で、ステップ脚を地面に触れるように接地し、着地した脚のつま先はホーム方向を向ける。
④しっかりと右脚の股関節から左脚の股関節に体重を乗せ替えながら、左右の股関節を挟み込むように内転させる（骨盤の回旋）。

マウンドの傾斜角度に沿って併進運動を行うことは非常に難しいのですが、より質の高い真っすぐを投げるためには、必要不可欠な動きになります。

テーマ 2

変化球を投げるために必要な土台について

井脇　指先の感覚であり巧緻性がなによりも重要

川村　同じところにつけるステップと肘を上げられることが必要

――変化球を投げられるようになるための土台について教えてください

井脇　土台に必要な要素はいくつか考えられます。ただ、僕が現場で見ていて思うのは、いきなり見よう見まねでピッチングに織り交ぜた結果、フォームを崩してしまうと同時に、故障してしまう選手が少なくないということです。真っすぐとは肩や肘への負荷のかかり方が異なるからです。まずはキャッチボールなどを通じて「遊びのような感覚」で試すこと（操作性の向上）と土台作り、この両輪が大切だと思います。

川村　私の場合は土台として考えた場合に、基本となるのはやはり下半身だと思っています。もちろん井脇さんの話の次の段階からですが。特に中高生の段階でポイントになるのは、ステップする脚がきちんと投げる方向に向いていることです。そして、投げるたびに同じ場所にステップした脚がついていることになりま

肘が上がっているからこそうまく回転が起こり、よい変化球が投げられる

押し出すような投げ方だとうまく回転がかけられない

す。もう1つの土台としては肘です。投げるときにどこまで肘が上がればよいのかという疑問があるかもしれませんが、基本的に投球動作のアーリーコッキングからレイトコッキング局面になる場面では、肘が肩のラインよりも上に上がっていることが必要です。そうしなければよい変化球は投げられません。なぜかというと変化球はボールに指をかけて投げるため、押し出すような投げ方（上の写真）ではうまく変化がかけられなかったり、回転が起こせなかったりします。抜いて投げる球種もそうですが、肘が上がっているからこそうまく回転が起こせます。

井脇　変化球を投げるために必要な要素を一言で表すと「巧《こう》緻性《ちせい》」です。以前、アメリカで小中学生の選手たちと関わる機会があったのですが、ボールに回転をかけて回すという感覚を知りませんでした。「こうやってスピンをかけてみて」と言ってもできなかったのです。球速は１３０km／h後半くらいで投げられるのですが、変化球はぶん投げるような感じでしたね。

川村　指先に関して言えば、２０２２年のバイオメカニクス学会で大阪大学の先生が投球と指の関係の話をされていました。指のつけ根の関節（ＭＰ関節）が進むスピードは、ボールが進むスピードよりもおおよそ30km／h速かったのです。この結果を受けて、指のほうがボールが進むスピードよりも速いわけですから、MP関節によるボールへの力の加え方も非常に重要だと感じました。我々が実験や計測で見ている部位は手のひらの真ん中です。そのため、その先にある指は基本的に見ていませんでした。この話を聞いて思い浮かべたのは、140km／hを投げるピッチャーと150km／hを投げるピッチャーを比較したときのことです。実は投げ方はほとんど何も変わらなかったのです。つまりMP関節の使い方に違いがあった可能性があります。実際にプロの世界には、肘や肩を酷使しすぎてボロボロであっても指先の動きが上手なため第一線で活躍しているピッチャーもいます。ところが、最近の選手たちは指先が上手に使えません。指先の感覚を持っておらず、それが変化球やコントロールに悪い影響を与えているように思います。先ほどの井脇さんの話とつながりますが、ようはよい変化球を投げる前提として、指先の感覚が欲しいということです。

井脇 指先の感覚を敏感にすることが変化球に限らずよいボールを投げる大前提になる

川村 小さい頃からオーバーヘッド系のスポーツや何かを投げることを積極的にやってもらいたい

——指先の感覚が変化球だけでなくコントロールにも影響するということですか？

川村 そうですね。投球は同じ運動を繰り返しているという面がありますが、人間がやることですから一球ごとにリリースの角度やボールを離す位置が微妙に変化します。それでもある程度の精度でまとまっている理由は、指先で調整をしているからです。たとえばリリース位置が少し後ろになっていればかぶせるようにしたり、前になっていたらリリースを少し我慢するなど、指先の感覚を基に調節をするのです。ようするにコントロールがよいピッチャーというのは、同じ動きができることにプラスして最終的な調整ができることも併せ持っています。

井脇 小さい頃から遊びを通して身につく感覚ですよね。野球だけをやっているのではなく、川に向かって石を投げたり（石切り）、雪が積もれば雪合戦をしたりして。それがはじめにお話した巧緻性につながります。

川村 小学生たちの野球教室では、そういったことをやっています。実は投げ方でいうと、小学校5、6年生で大人とほぼ同じ投げ方や動きになります。そう考えると、それまでに指先の感覚を覚えていることが理想です。よく「野球だけでなく、いろいろな遊びやスポーツをしたほうがいい」と言いますよね。野球はオーバーヘッド系のスポーツに分類されるのですが、バドミントンのスマッシュやバレーのスパイクなどと同じ分類になります。こういったスポーツに馴染んでいる子でしたら、中学生や高校生でもよいボールを投げられる可能性があります。

井脇 すごくわかります。ストレートにも共通することだと思いますが、小さい頃からオーバーヘッド系の動きをいかに体験しているかは非常に重要ですよね。筑波大学時代に同期だったバレーボール部やハンドボールの部の女子たちが、普通にキャッチボールしていましたし。

川村 そうでしたね。もう1つ例を挙げると、超一流のサッカー選手であるクリスティアーノ・ロナウドがヤンキーススタジアムで始球式をしたことがありました。そこで何とも言えない不思議な投げ方をしていたのです。あれだけ運動神経に優れている人でも投げる習慣がなければ投げられないのだと思ったものです。そういう意味でも冒頭で紹介した前提はとても重要ですよね。

井脇 車いすテニスの国枝慎吾選手の担当をしていた頃の話ですが、テニスの試合ではボールパーソンがいますよね。USオープンなどアメリカの大会では、ボールパーソンたちがオーバーヘッドで狙ったところに投げていたのですが、ヨーロッパのボールパーソンたちは、スピードの調節や狙ったところへ投げることができないのです。これはヨーロッパにオーバーヘッド系で投げる競技が少ないことに起因しますよね。メジャーリーグではたくさんの女性ボールボーイたちを見ましたが、みんな素晴らしいボールを投げていましたから。

川村 文化の背景や違いですよね。

井脇 最近は天井に向かってボールを投げることができない子が非常に多いです。指先の感覚がないので加減がわからない。それが如実に表れるのがピッチングで、「イチ、ニ、サン」で投げることはできるのですが、より指先の感覚が必要になるクイックになるとうまく投げられないといったことがよく見られます。これも指先の感覚＝巧緻性が大きく関係していると思います。

テーマ3

変化球を投げるためのケアと土台作りについて

川村　負担がかかる部位を知り、そこに対するケアを考える

井脇　加速だけでなく、減速に関与する機能のコンディショニングが重要

――よい変化球を投げる際に必要なケアについて教えてください。

川村　まず言えることは、真っすぐと変化球はリリースする際の指の離し方が違うということです。たとえばボールを挟むと上の写真の辺りに力がかかります。そこから逆算してどこに負担がかかるのかを考え、ケアをしていくことが大切です。また、変化球を投げることで怪我をすることは少なく、真っす

真っすぐと変化球の違い

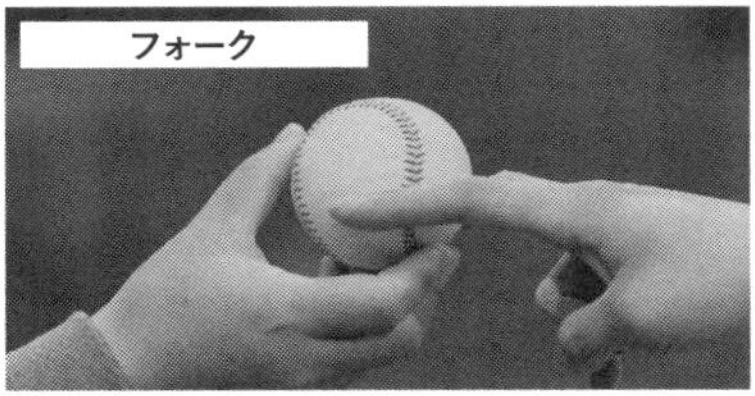

真っすぐと変化球ではボールを離すときに力がかかる部位が変わる

▶ 減速に関わる筋肉

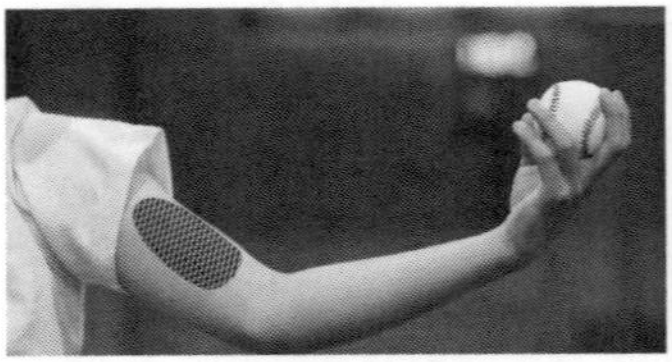

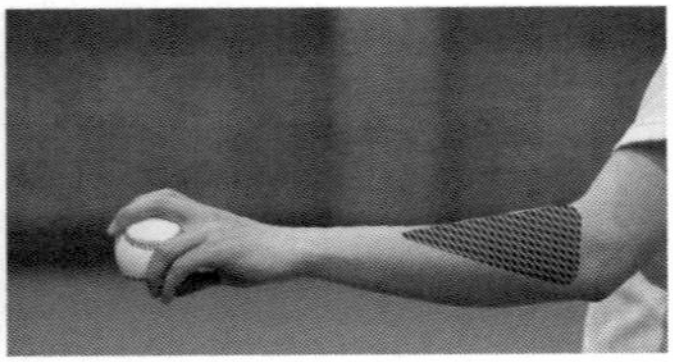

上の印のついた部位が減速に関わる主な筋肉になる

ぐのほうが怪我が多いのが現実です。なぜなら、真っすぐのほうが、加速が大きいからです。とはいえ真っすぐと変化球を組み合わせると複雑になります。身体の使い方を変えるため、どんどんメカニックが乱れてしまうわけです。うちのピッチャーでも多いのは、変化球を投げた後は真っすぐが伸びなくなったり、コントロールが乱れることです。そういったことを踏まえてどこに負担がかかるのかを知ることが大切です。そうしないと肘などを痛める危険がありますので。

井脇　川村先生が言うように、複合的な要素でどこかを痛めることは少なくありません。僕の立場から言えることは、ブレーキングマッスルの不足です。ピッチングはエキセントリック（伸張性筋収縮）に関わる要素がとても大きくなります。川村先生が言った加速に対して減速させる部位（上の写真）があるのですが、投球を繰り返すうちにアンバランスになっていきます。それらの筋肉をどう鍛えるかと並行して、ケアなどを通じてコンディションを維持することも非常に大切です。

回内と回外の動き

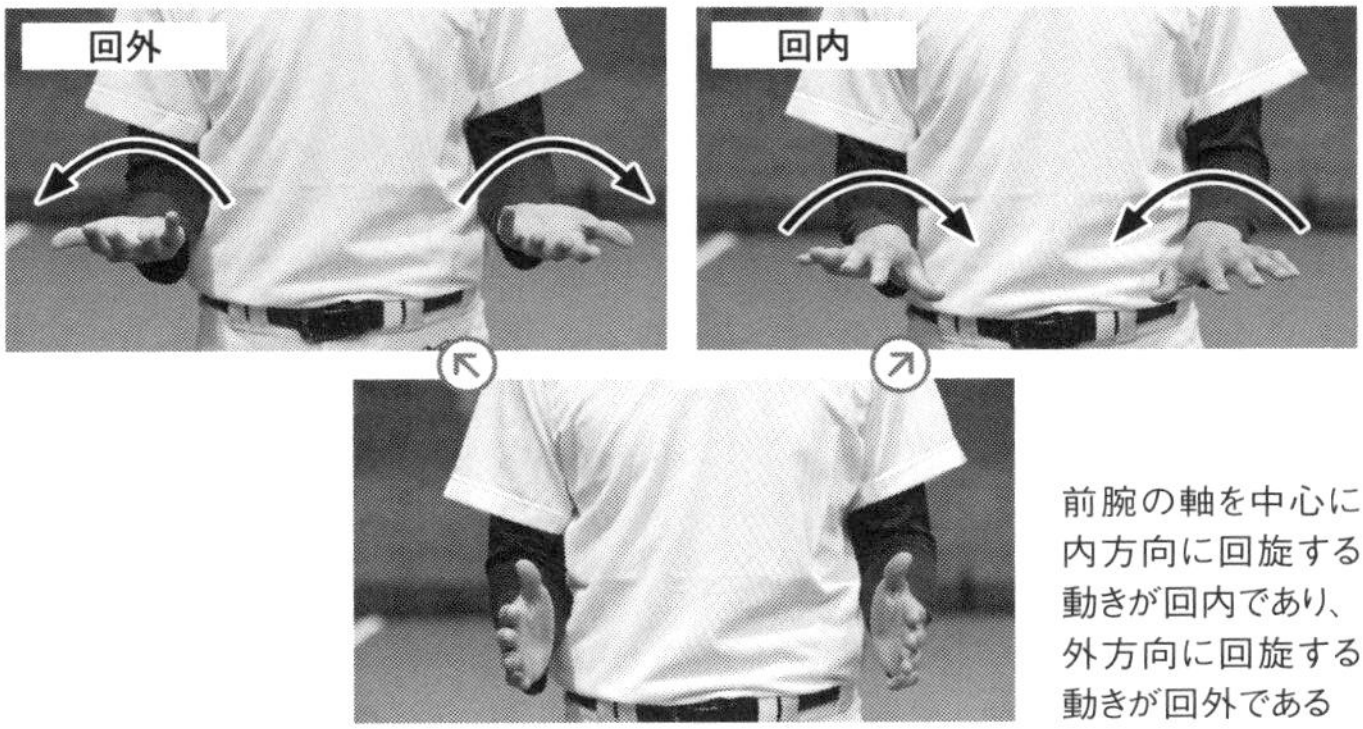

前腕の軸を中心に内方向に回旋する動きが回内であり、外方向に回旋する動きが回外である

この前腕や上腕が硬くなっているピッチャーは、投球時に肩が前に出てしまっている傾向が強いです。肩が前に出るということは肩甲骨の動きになんらかの不具合があり、腕（肘）が上がらないため、肩や肘を痛めてしまうのです。また、近年球速アップの流行りで重たいボールを投げるトレーニングがありますが、肩関節の構造を考えるとひと昔前ではあり得ないことであり、危険を及ぼします。肩や肘の関節自体を鍛えることは無理ですから、耐性をつけるためには特に肘周りや肩周りに筋肉をつけて、関節を守ることが必要です。逆説的かもしれませんが、先ほどの怪我の話は、基本的にこの機能が低下しているために起こりやすいと僕は考えています。

川村　ケアについては私の専門ではありませんが、それを怠ると回内や回外の動きが段々できにくくなってくると感じます。おそらく身体の連鎖をしっかりと使って投げていれば出にくいのですが、最後に手首や前腕の振りだけで調節しようするために、徐々にうまく機能しなくなっているのだと思い

変化球を投げ続けると…

主として腕橈骨筋、いわゆる手首を立てる筋が落ちてしまう

ます。ここを整える練習は必要ですね。

> **井脇** 手首を立たせる筋肉のトレーニングと股関節や肩関節の機能の貯金が重要
>
> **川村** すでに健常ではない状態の選手に対して、どのようにデザインしていくか

——では、変化球を投げるための土台について教えてください。

井脇 僕からすると巧緻性の部分以外はストレートとほぼ変わらないと思います。僕の経験から1つ言えることは、変化球を投げ続けると主として腕橈骨筋《わんとうこつきん》、いわゆる手首を立てる筋の動きが低下してしまいます。投げ続けているうちに手首がどんどん寝てしまうわけです。これを防ぐためにはプラスアルファのエクササイズが必要になりますから、それは第5章で紹介します。このように1つの事象

股関節・肘関節の機能

股関節

股関節がうまく機能することで骨盤が回転しやすくなり、地面から強い反力を得られるため、下半身のパワーを上半身に伝えることができる

肘関節

肩関節や肩甲骨、胸郭の連動性がうまくできることで、肘関節の機能を引き出すことができ、より質の高いボールが投げられる

から、パフォーマンスの変化やコンディショニングの低下、代償運動などの故障の一因となります。

川村 私は普段大学生を見ていますが、すでに器質がダメになっている選手が少なくありません。これまでの野球人生で肩や肘を酷使してしまったからですね。そのような選手たちに無理をさせるのか、させないのかということはとても気をつけています。無理をさせるという意味は、試合に向けて新しい変化球を覚える必要があったり、もう少し真っすぐを伸ばす必要がある選手がいるということです。ところが怪我のリスクがかなりあるため、非常に難しい問題です。

井脇 僕としては、股関節と肩関節機能はいかに機能の貯金をするかだと思っています。自分のパフォーマンスが発揮できている場合は機能をキープできます。一方でよくない（エラー）動きをすることによって機能が低下（貯金を吐き出す）していくうちに、本来とは異なる動きになっていくと言えます。特に股関節と肩甲骨周りの機能は貯金の量がもう如実に出ますので、その辺りをどのようにして突き詰めていくかは非常に重要です。

テーマ4

変化球の功罪

川村 自分の球の質を知ることで投球をデザインできる

井脇 対人競技である野球では相手にアジャストする「現場力」が必要になる

――変化球の功罪というキーワードでお話いただけますか。

川村 やはり一番多いのはスライダーを多投すると真っすぐがスライドすることです。これは本書で何度も述べているので詳細は割愛しますが、変化球を投げ分けようとするほど出てきてしまう症状ですから、これは気をつけないといけませんね。

井脇 このことはずっと言われていて、僕らが学生の頃から知られていましたよね。

川村 実はこの治し方がありますので、それは104ページから紹介します。

井脇 僕もまず出てくるのは川村先生と同じことですね。ようするに変化球を投げることで真っすぐに影響が出てしまう。

川村 本来は変化球を活かすために真っすぐを投げるのですが、変化球と真っすぐが同じような種類のボールになってしまうのです。スライダーはジャイロ回転しながら変化して落ちるのですが、真っすぐにもジャイロ回転がかかるようになってしまいます。真っすぐは本来しっかりと指で弾いてバックスピンをたくさんかけることで、ホップするように見えます。しかしジャイロ成分が入ってしまうと、ピッチャー自身はそれまでと同じようにバックスピンをかけているのですが、ホップせずに落ちてしまいます。たとえば高目のボール球を投げる場合は、ホップさせてファウルや内野フライ、もしくは三振を狙うわけです。ところがホップしないボールになってしまうと伸びずに落ちるため、ものの見事に弾き返されてしまうのです。また低目への真っすぐがスピードガンでは球速が出ているのに打たれるようになった場合には、伸びがなくて浮き出していいます。ただしこれは逆も言えて、どのように変化球を活かすかというデザインにつながります。ボールが落ちやすくなっているということは、低目に投げることでバッターはボールの上っ面を叩きやすくなります。つまり、ゴロを打たせるような変化球になるのです。ようするに自分の投球の質を知ることができていれば、「どの球種や高さで勝負をするのか」「どうなると危ないのか」という判断ができるでしょう。この辺りの功罪をきちんと考えて投げる必要があるのです。

もう1つお話しすると、たとえばプロの選手で150km／h中盤から後半で投げられたら、少し曲がる変化球でバッターを抑えることができます。ところが、学生野球で真っすぐが130km／hくらいのピッチャーの場合、いくらキレの鋭いフォークが投げられたとしても、残念ながら効果的ではないのです。その理由はボールの軌道にあります。真っすぐが130km／hくらいということは加速が弱いわけで、少し山なりで投げなければベースに届かないわけです。そうなるとリリースした直後の軌道で、球種を読まれてしまうことになります。もちろん、このようなピッチャーでも抑える方法はあるのですが。

井脇　以前に川村先生が、その試合で効果的な変化球があるのにもかかわらず、他の球種で勝負にいって打たれたと話してましたよね。「なんでそれで勝負にいくんだ？」と。自分のストロングポイントを知らないということも変化球の功罪ですかね。

川村　現代はいろいろなことが発達したために、変化球が覚えやすくなったことが挙げられます。これも何度も述べましたが、変化球を投げることで他のボールに影響を与えることは知っておかなければなりません。もちろん影響がほとんどない選手もいますが、それは工藤公康氏やダルビッシュ有選手のような超一流のピッチャーだけです。アーム式の投げ方も功罪と言えます。この投げ方では投げられる変化球が限定されることは先ほど述べたとおりですが、それ以外の変化球を投げようとすると投げ方自体を変える必要が出てきます。そうなるとバッターから球種がモロにバレてしまいますし、コントロールの精度が低くなるという問題も生じます。「メジャーの選手のツーシームはすごいですよね」といった声を聞くことがありますが、僕からしたらそれしか投げられないということです。時々160km／hの高速シンカーを投げるピッチャーがいますが、それ自体はすごいことです。ですが、被打率が0・25や0・26です。つまりコントロールの精度が低いためにフォアボールがとても多くなるのです。そしてボールを置きにいったときに打たれてしまうというパターンをよく目にします。若い子たちはSNSに影響される傾向がとてもありますので、よい面だけを見ずにこのようなことも理解してもらいたいですね。

井脇 僕の立場から言っていいのかはわかりませんが、野球は対人競技であり、相手ありきだと思います。数値化ところが現在の野球を見ていると、自分のピッチングにこだわるピッチャーが多いように感じます。数値化の功罪と言えるかもしれませんが、ようは試合では打ち取れたらよいわけですし、それができれば試合に勝てる確率も上がります。そこが理解できていない選手が多く、相手にアジャストすることができないのです。たとえばコンディションがよければいいのですが、よくない場合は解決策を見つけるための引き出しが少ない、もしくは見つけられないような。先ほど数値化の功罪と言いましたが、数値には反映されないものの、しっかりと抑えられているケースもあるわけです。今でいう「外れ値」かもしれませんが、コンディションが悪くても相手にアジャストして投げられているからこその結果です。その日のコンディションを見極めてどうするかというピッチャーの「現場力」。これが非常に重要な部分です。

▶野球は対人競技

相手にアジャストすることや自分のその日のストロングポイントを判断できる現場力も非常に重要になる

スライドした真っすぐの治し方①

ネットに向かって投げる

動画はこちら

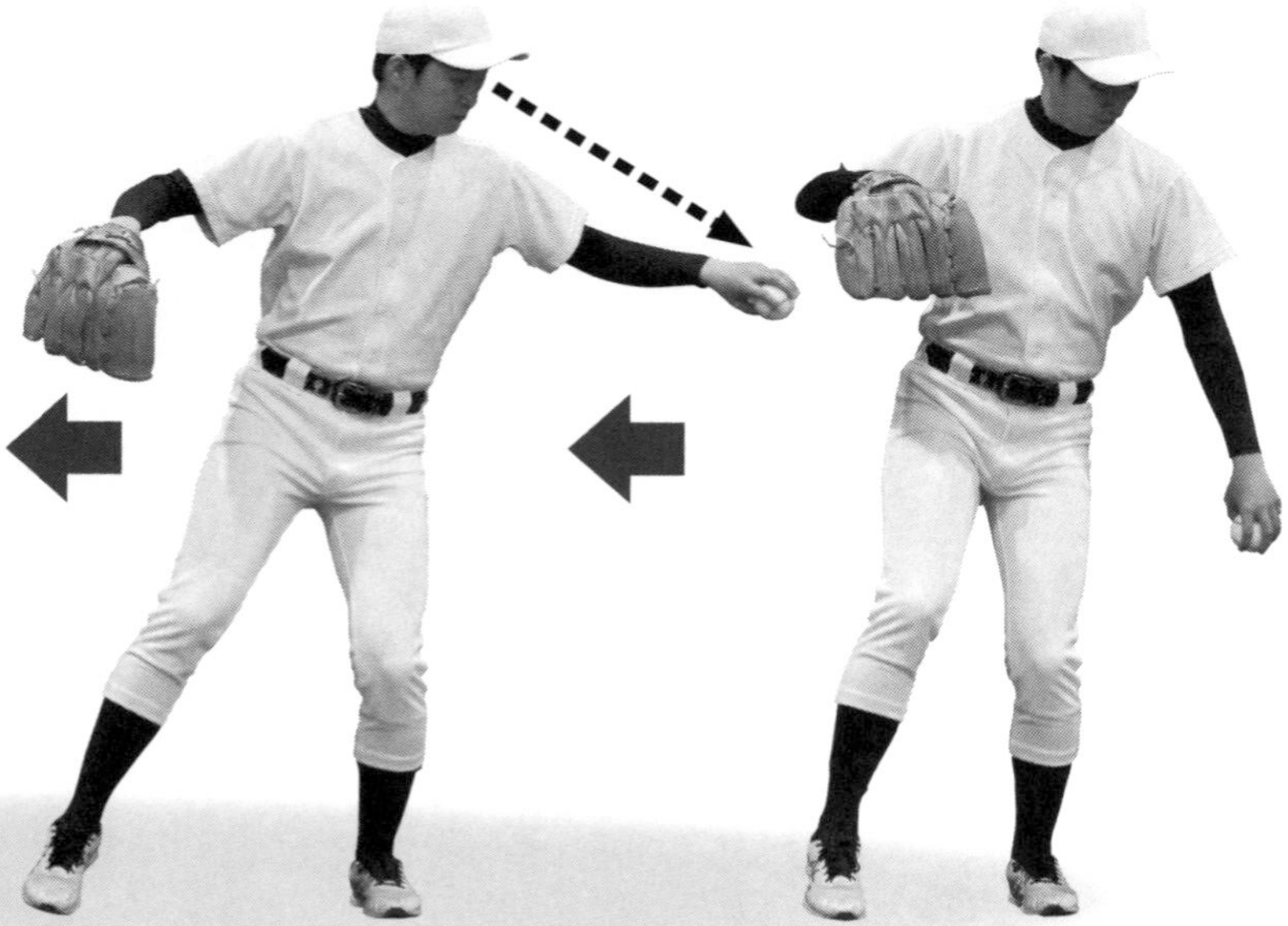

1 ネットに向かって立つ

2 ボールを見ながら投球モーションに入る

自分の目で投じたボールを見る

スライド回転がかかった真っすぐの1つ目の修正方法です。ボールを握ったらネットに向かって投げます。このときに何か意識を持って投げるというよりは、自分の手を目で追うようにします。目が手を追うことで、手がどの方向を向いているのか確認できます。その動きを繰り返しながら、本来のホップ成分の大きな真っすぐの投げ方に修正します。

3

投球方向ではなく、手の動きを見続ける

4

この動きを繰り返すことでホップ成分の大きな真っすぐの投げ方に整えられる

スライドした真っすぐの治し方②

動画はこちら

棒担ぎ回旋運動

1

肩幅よりも少し広い歩幅で立ち、棒が地面に対して平行になるように位置する

2

体軸をまっすぐに、下半身から上半身の順に回していく

全身を連動させて肩甲骨をスライドさせる

チェンジアップやスライダーを投げることで、リリースポイントがずれていく可能性があります。チェンジアップを投げる場合はボールを抜いて投げるため、身体をずらして投げます。そうしないとストライクゾーンにボールが投げられないからです。すると本来の肩が持つ水平内転（108ページ）という動きが出なくなってしまいます。その動きを取り戻すために棒を担ぎ、股関節と胸郭、肩甲骨と下から順に平行に回旋させます。

3

限界まで回したら、身体を元に戻し

4

逆側も同じように回す。これを交互に繰り返す

用語解説とポイント

アクセラレーション局面

図1　水平内転の力発揮

腕を水平に内転させる動きが球速を上げるために重要であることがわかった

近年の研究でわかった水平内転の重要性

レイトコッキングの局面までで肘が上がり、最大外旋を迎えていた肩ですが、この局面で一気に内旋させていきます。この内旋動作は、ヒトの動作のなかで最も速い動作とされ、投球の速度に最も貢献するものだとされています。

この内旋動作に加えて、2018年に鵜澤らが行った研究でわかったことがあります。それが「腕の水平内転の力発揮」(図1)で、球速を上げるために重要です。動きというよりは、関節を支点とした駆動力を生み出せるかどうか、という意味合いが正しいでしょう(これを関節トルクと呼んでいます)。

上腕と肩甲骨のユニットによって水平に腕を返していく動きをすることによって、内旋速度を速めることができます。胸の中心から腕が生えてい

図2 胸の中心から腕が生えているイメージ

上腕と肩甲骨のユニットによって水平に腕を返していく動きをする場合、このようなイメージを持って身体を動かすとよい

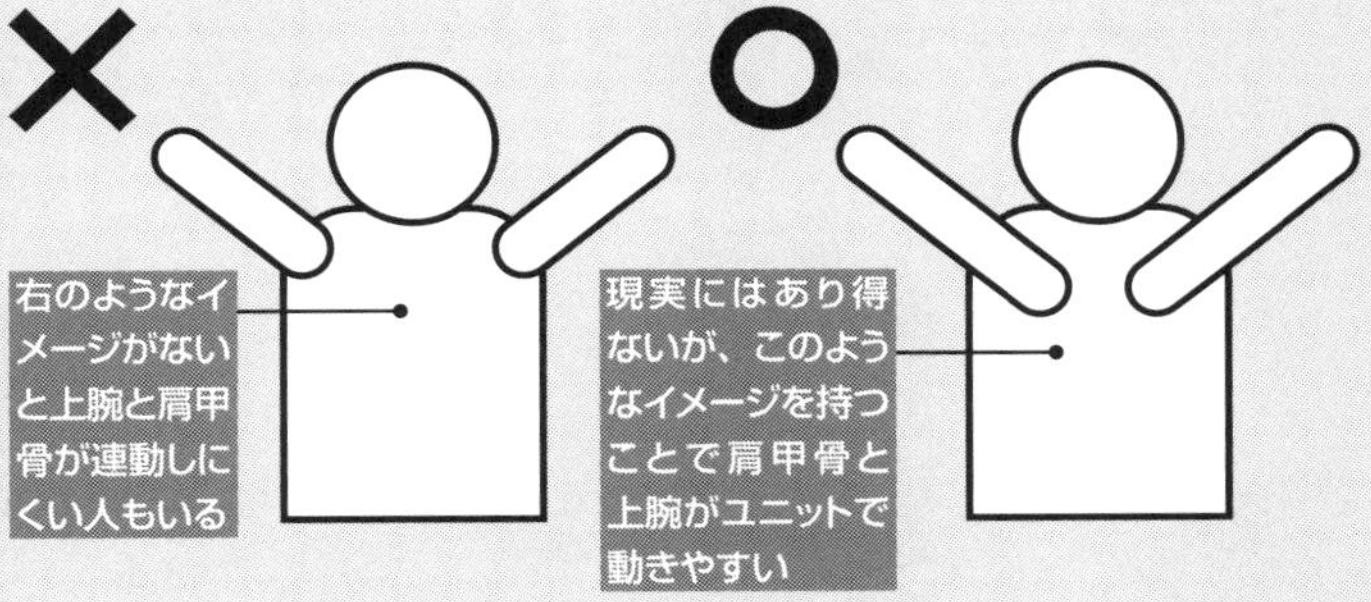
右のようなイメージがないと上腕と肩甲骨が連動しにくい人もいる
現実にはあり得ないが、このようなイメージを持つことで肩甲骨と上腕がユニットで動きやすい

るようなイメージを持ち、肩甲骨がスライドしながら腕が前に出るような意識を持つとよいでしょう（図2）。

内旋の運動だけで力を発揮しようとすると、どうしても腕だけで振ろうとする意識が強くなり、肩に過度なストレスがかかってしまいます。しかし、このときに水平内転の動作を加えることで、リリースの際に大きな力を発揮できるようになります。

それから下半身ですが、踏み出し脚側の股関節を軸に、骨盤を遠回りせずにコンパクトに回すことが大きなポイントとなります。膝が開かないよう、外側に体重をかけるのではなく、内側を軸にして骨盤を回転させていくことを意識してください。

テーマ5

変化球の習得で重要なこととは

川村　指導する我々も継続的なアップデートが求められる

井脇　ピッチングの根幹となるきちんと立つという動きが変化球でも肝になる

――これまでお話いただいたこと以外で、変化球の習得と関係する重要なポイントを教えてください。

川村　戦術的というか戦略的な話をすると、何のために変化球を使うのかという目的をはっきりさせておくことがとても大事です。一番よい変化球が何かと考えたときに、一番はバッターにとって今までに見たことがない軌道や変化、球速になります。次によい変化球とは、同じような軌道や球速から大きく変化するような球種になります。その次は第2章でも紹介した変化の分布です。真っすぐと変化球を対比させてお互いの関係性の距離があるほど、それぞれの変化球が効果的だという評価になります。一方で2つ目のよい変化球のように真っすぐと変化球の境目がよくわからないような分布も効果的です。現実問題として理想的な変化球の分布はありえないところがありますので、そう考えるとそれぞれの変化球の役割をしっかりと持たせることが重要になります。

現在のメジャーリーグはいろいろなデータが出るようになっており、分析と対策のサイクルがとても早いです。試合中にピッチャーがどのような変化のボールを投げているのかが、即座に分析できるシステムができあがっています。２０２２シーズンの大谷翔平選手がシーズン途中にいきなり高速シンカーを投げたことをご存じでしょうか？　これはそれまでの大谷選手の投球が分析された結果、バッターがまだ見たことがない球種が必要になったためです。もちろん、分析した結果をすぐに実行できるのはメジャーリーグの一流のバッターだからですが。上の表はメジャーリーグのあるレポートを基にしています。投球角度を見ると１４０km／hを超えるとマイナス４～７度ぐらいの角度で投げます。三振を奪ったパーセンテージはピッチャーAが47・８％とほぼ２人に１人の割合で三振を取っています。対して投手Zは奪三振率が14％です。そして投球角度を見ると左のピッチャー陣はマイナス４度程度の低いところから投げ、対して右のピッチャー陣はマイナス７度強で、上から下に投げ下ろすような角度になっています。これまでの私たちの常識からすると上から投げ下ろすピッチャーが三振を取っていました。これは現在の日本野球も同じだと思いますが、メジャーでは異なったのです。その理由の１つが、ボールを下から上に打ち上げたほうが飛距離が伸びる「フライボール革命」と呼ばれている打ち方です。上から下

投手名	投球角度	奪三振率
A	-3.82度	47.8%
B	-3.86度	24.2%
C	-4.04度	16.8%
D	-4.06度	30.6%
E	-4.10度	31.3%
F	-4.11度	26.7%

投手名	投球角度	奪三振率
Z	-7.56度	14.0%
Y	-7.40度	14.6%
X	-7.40度	18.7%
W	-7.35度	21.6%
V	-7.32度	12.8%
U	-7.19度	17.0%

に落ちるボールの軌道と下から上に上がるバットの軌道が合いやすいため、このような結果が出たのでしょう。何が言いたいのかというと、メジャーは移り変わりが激しく常にトレンドが変化します。日本人の若い選手たちがその流れに憧れて追い求めてしまうと、本質を見失ってしまうというか、形だけの真似になってしまうということです。実際に日本でもこのような傾向が出てきており、いろいろな変化球を覚えるうちに、最初はよかった球種がダメになってしまうことがあるのです。つまるところ、ピッチャーもバッターも考え方や技術が年々難しくなっています。それは我々指導者も同じで、常にアップデートをしていかないと追いつかなくなってしまいます。

井脇 僕は田澤純一選手に帯同したことでわかったのですが、日本の球場ごとの環境の違いが気になっています。僕もメジャーのスタジアムのマウンドに立って体験しましたが、まるでコンクリートのような硬さでした。ただ、田澤選手によると、どのスタジアムも硬さや傾斜に大きな差はなかったそうです。ところが日本では、学生野球もプロ野球も球場ごとにマウンドの硬さや傾斜が違うため、投げる技術だけでなく、マウンドへの対応力も変化球を活かすためには重要だと感じます。いろいろな状況のなかで最大公約数的にパフォーマンスを発揮できるかということですね。

川村 大学野球でも同じことが言えます。所属するリーグによって異なりますが、たとえば東京六大学はいつも神宮球場で試合をします。そのため神宮球場でよいピッチングをしていても、他の球場で投げるとパフォーマンスが下がる選手がいます。プロもそうですよね。井脇さんと同じことになりますが、どの環境でも

きちんと立つためのエクササイズ①

チューブ抵抗下で片脚立ちキープ

動画はこちら

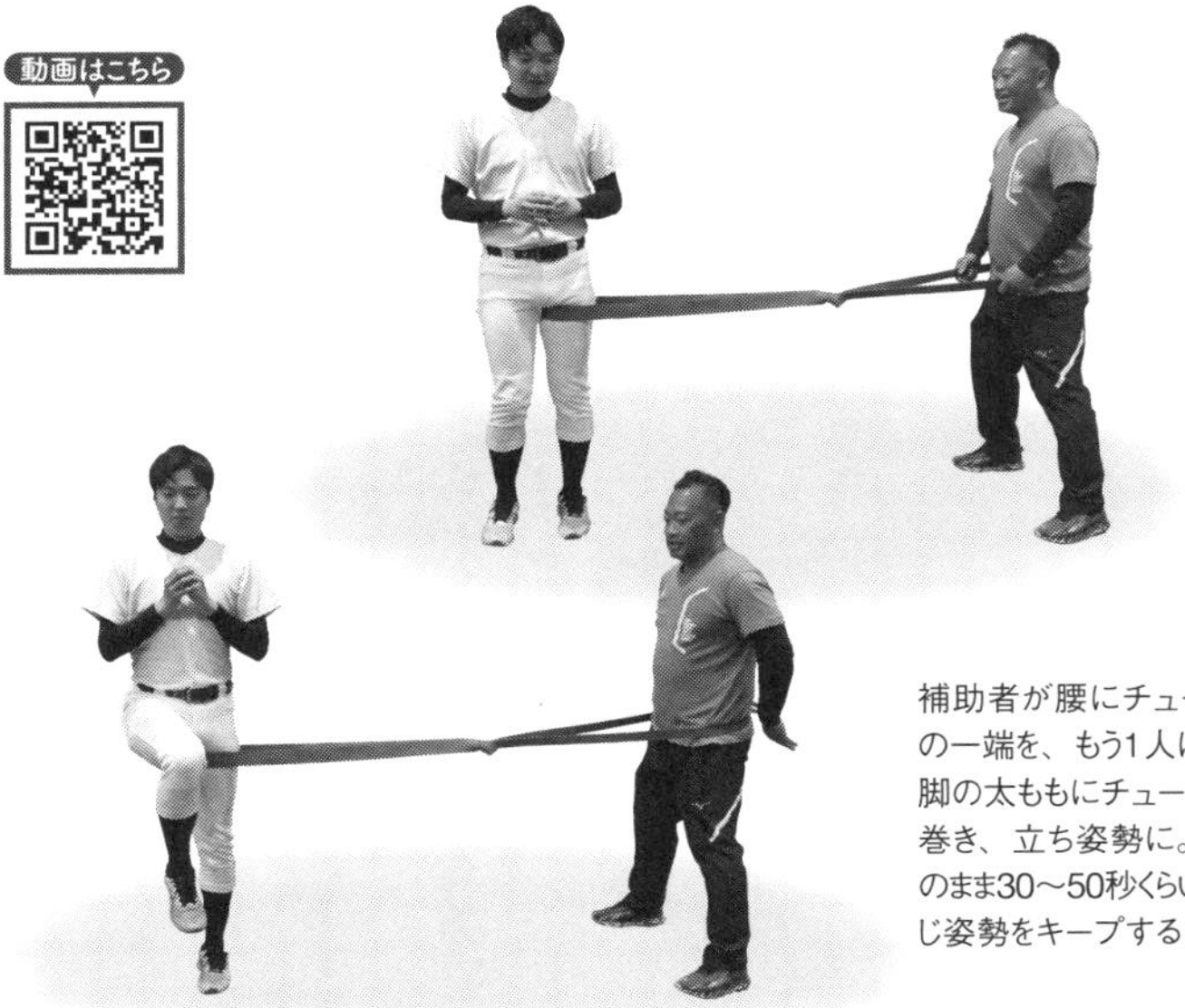

補助者が腰にチューブの一端を、もう1人は軸脚の太ももにチューブを巻き、立ち姿勢に。そのまま30〜50秒くらい同じ姿勢をキープする

最大公約数的にパフォーマンスが発揮できることが「安定感」につながります。井脇さん、この安定感につながるエクササイズはありますか？

井脇　マウンドでピタっと止まれるようにするためのエクササイズがありますので紹介しますね。きちんと立つことはよいピッチングの根幹になる動作です。これは変化球でも肝になる動作ですから、このトレーニングも取り入れてみてください。1つ目のエクササイズです。へその下（丹田）を意識し、踏み出し脚を脚の付け根から上げ、身体がぶれないように軸脚

きちんと立つためのエクササイズ②

不安定な板の上で立ち姿勢を作る

動画はこちら

側を保持します。これがピッチング時の基本的な立ち姿勢です。2人ペアになり補助側が腰にチューブの一端を巻きます。もう1人は軸脚の太ももにチューブを巻き、立ち姿勢になって30〜50秒ほど姿勢をキープします。踏み出し脚を上げたポジションでキープしてください。

2つ目のエクササイズは、地面が不安定な状況の場所に軸脚で立ち、安定した状態を30秒程度キープします。腹圧と太ももの付け根（鼠径部）で引き上げるイメージで、膝がおへそ辺りまで上がるようにします。

第4章

最新研究による変化球の習得方法

カーブの習得①

はじめて覚えるカーブ

ボールの握り方

縫い目の「つ」の上部に人差し指と中指をかける

親指がボールの真下にくるようにして手首を捻る

ボールと指の間を空ける

お手本の動画はこちら

捻りを使わずに投げ下ろす

最初に投げる変化球としておすすめのカーブの投げ方を紹介します。

右ピッチャーの場合は、フォーシームの握りからボールを縦に回転してボールの腹に中指を置き、親指がボールの真下にくるようにします。そこから回してホールドをするのですが、薬指がしっかりと捻りに対してブロックをする感じになります。握りができたらそのままボールを持ちあげ、人差し指と中指が上にある状態でそのまま投げ下ろします。

上から投げ下ろすと縦目の変化をし、横から投げると斜めに膨らんだような変化をします。

全体の動き

人差し指と中指が上にある状態で振りかぶり、手首や指を捻らずに投げ下ろす。すると投球角度に応じたカーブが投げられる

カーブの習得②

横のカーブ

握りと手首の動き

116ページの握り方をする

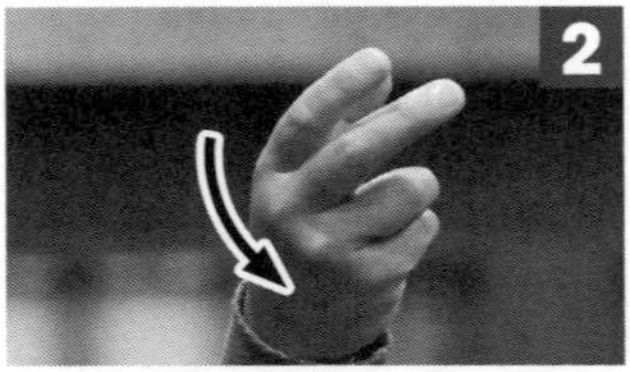

斜めに指がかかった状態から捻っていく

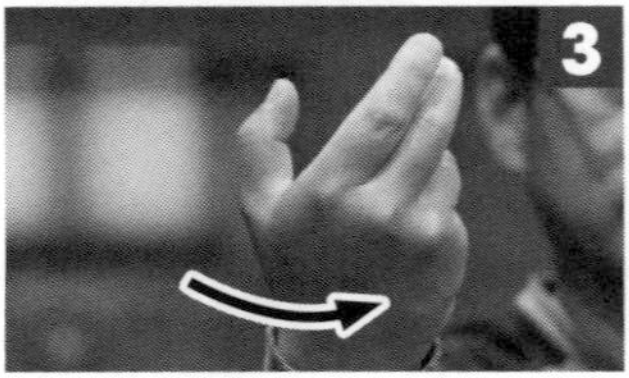

手の甲をキャッチャーに向ける意識を持つと曲がりやすくなる。このときに手首がぶらぶらしないように固めることもポイントになる

お手本の動画はこちら

手首を捻り、手の甲をキャッチャーに向ける意識を持つ

横のカーブも縦のカーブも共通していますが、基本的には投げるときに手首を捻ります。握りは116ページと同じで、そこから捻るようにします。横のカーブを投げるときはボールに対して斜めに指がかかっています。心掛けたいことは、そこから手の甲をキャッチャーに向ける意識です。そのような意識があればボールが曲がりやすくなります。実際には手の甲がキャッチャー方向を向くことはありませんが、あくまでも意識として持っておいてください。

全体の動き

手首を捻って投げる。その際に手の甲をキャッチャー方向へ向けるようなイメージを持つ

カーブの習得③ 縦のカーブ（ドロップカーブ）

▶握りと手首の動き

投球時に腕が伸びると遠心力で親指が離れやすくなる

親指をボールにつけたままボールを回していく

なるべく親指が離れないようにして捻っていく

お手本の動画はこちら

できるだけ長く親指をボールにかける

投球時に腕が伸びていくと遠心力がかかるため、ボールは指に対して身体の外側に離れていこうとします。そうするとはじめに親指が離れやすくなります。縦のカーブを投げる場合には、この親指をなるべくボールにつけておくことがポイントになります。親指をつけたままボールを回すと縦に高速の回転が起こりやすくなり、縦方向へのカーブが投げられます。山本由伸投手のパワーカーブはリリースの最後まで親指がボールについていることが特徴です。簡単に言うと、縦と横のカーブの違いはどのタイミングまで親指がついているかになります。

全体の動き

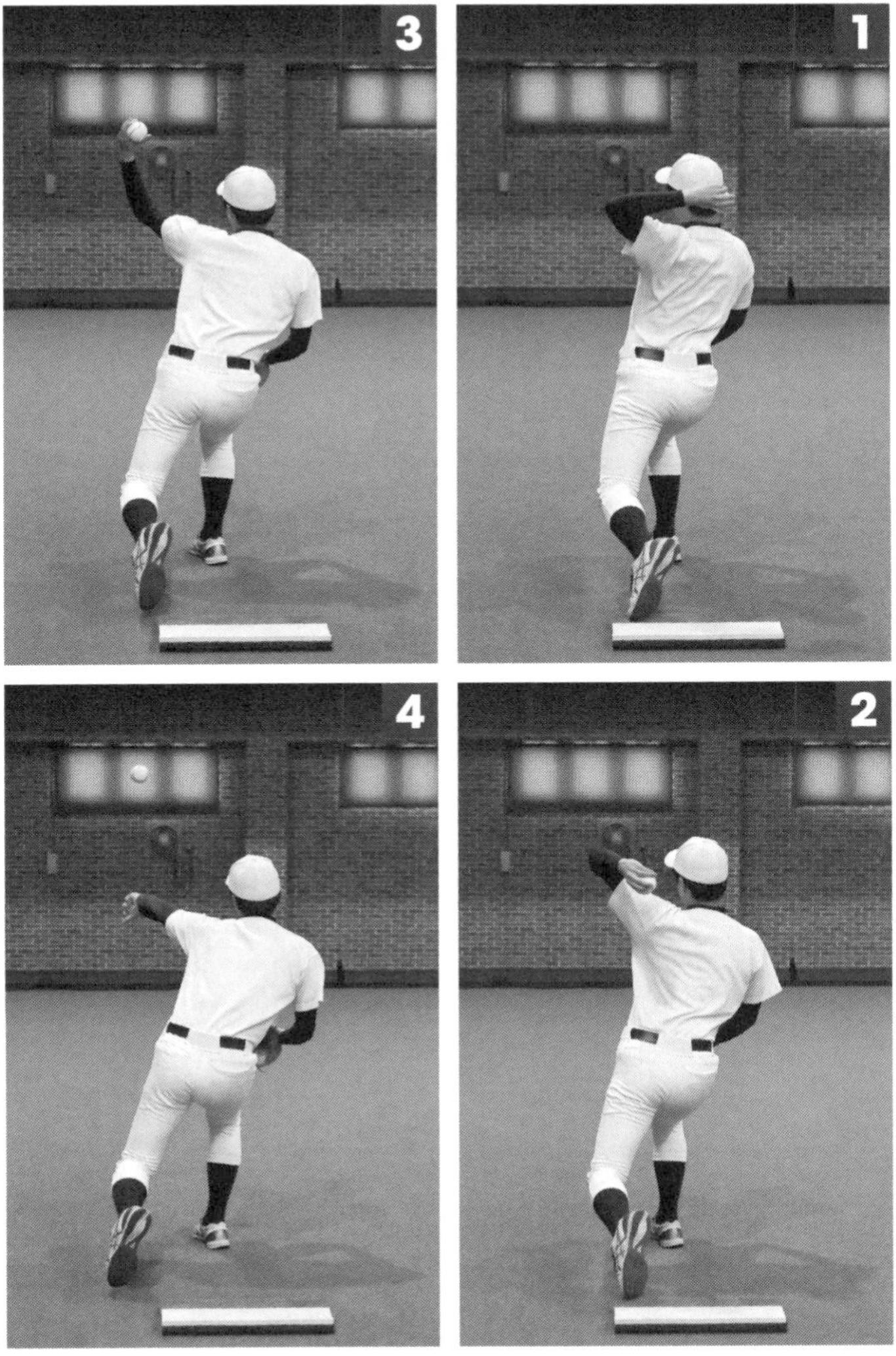

遠心力で親指がボールから離れやすくなるが、できるだけ長く親指をボールにかけて投げる

スローカーブ

カーブの習得④

握りと手首の動き

握りが浅い。これまでのカーブはこのくらいの深さで握る

握りが深い。スローカーブでは深く握ることで球速を落とす

お手本の動画はこちら

深く握ることで球速を落とす

スローカーブは握りが深くなります。握りの深さは写真のように指とボールの隙間が狭いか広いかということですが、指の長さも大きく影響します。深く握ることができればスピードがない状態でカーブの変化をします。ただし、人によっては深く握ることでスピードが出なくなりすぎたり、回転が起こりにくくなるなどの問題が生じることがあります。この点は頃合いを見つけることが必要になります。うまく変化をかけることができれば、球速が遅くて曲がりの大きいカーブになります。

全体の動き

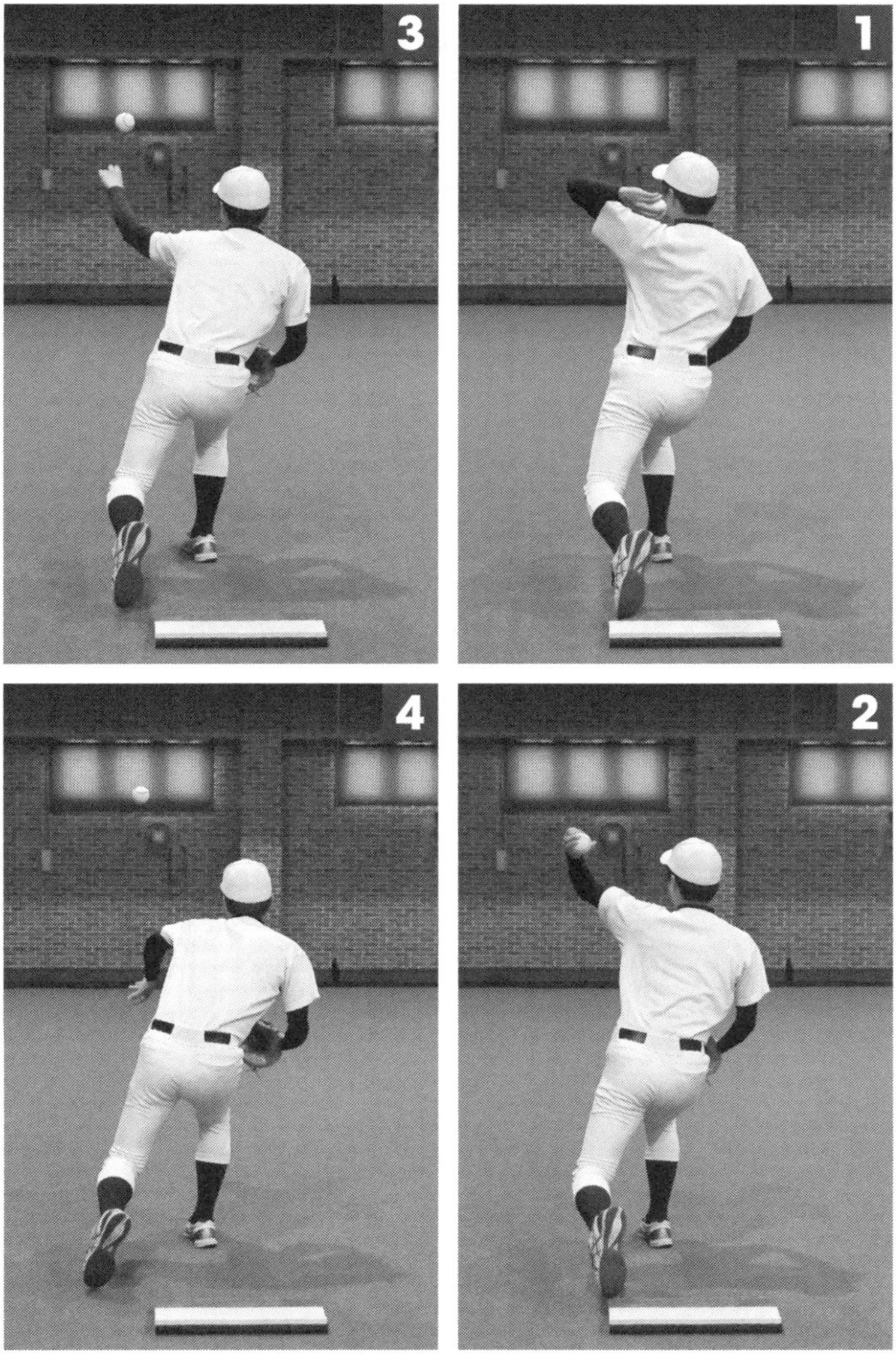

ボールを深く握ることで球速を落としつつ、曲がりの大きいカーブが投げられる

カーブの感覚をつかむ 指パッチン&スピン上げ

お手本の動画はこちら

▶ 指パッチンの動き

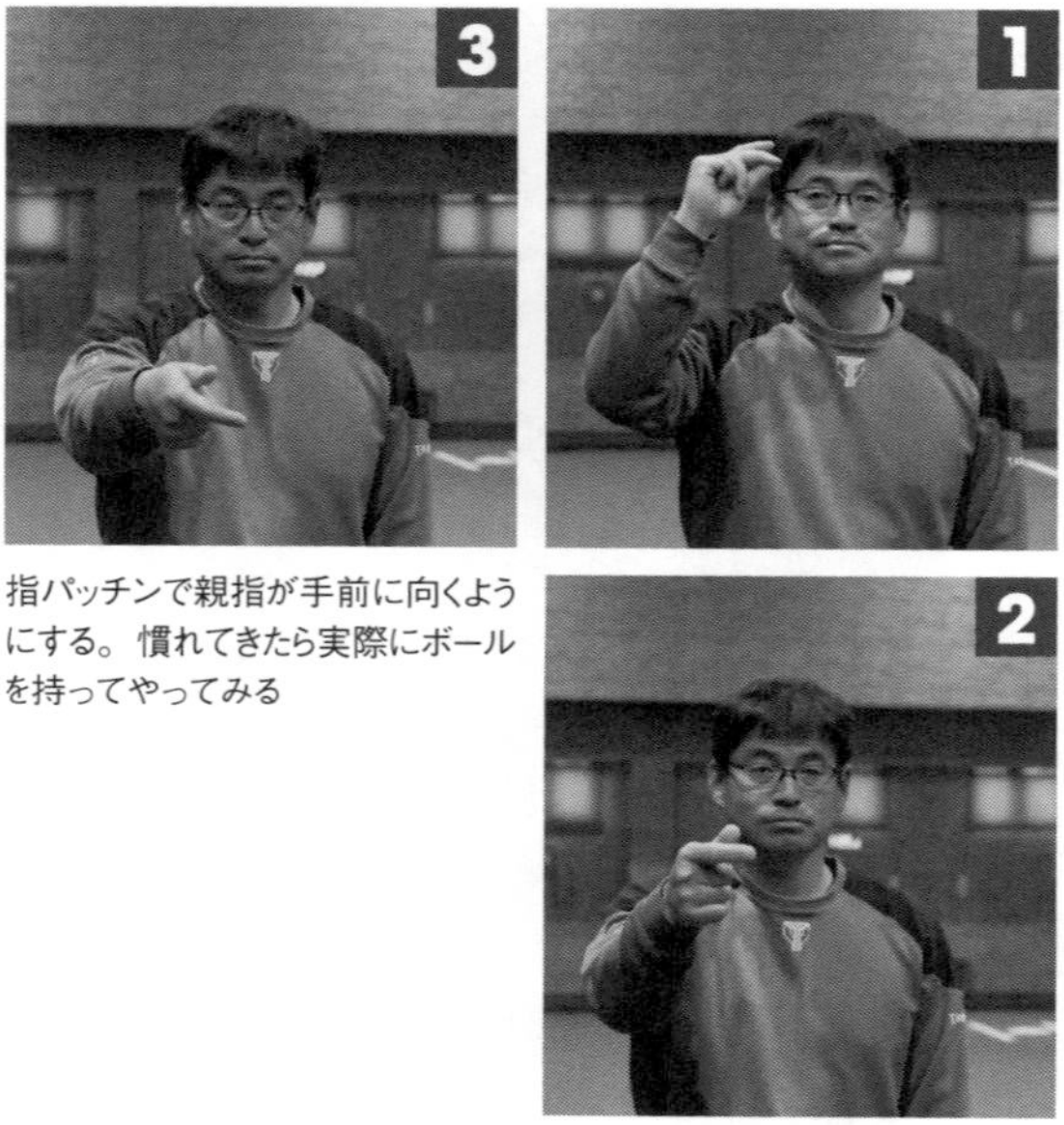

指パッチンで親指が手前に向くようにする。慣れてきたら実際にボールを持ってやってみる

2つのドリルで親指の動きをつかむ

私が縦のカーブの指の感覚を覚える際によく使っているのが指パッチンの動きです。投げるときにキャッチャー方向に親指が向くようにします。そして指パッチンができたら、同じ指の動きでボールにスピンをかけて上に弾くようにします。実際の投球時は親指で弾くのではありませんが、親指を長く使えるようになる練習になります。遊び感覚でやってみてください。ただし、長く親指を使うためには、肘や肩甲骨周りの柔らかさ、しなりを出せることが必要になります。アーム式で投げている選手は、どうしても横のカーブになりやすいことは知っておいてください。

スピン上げ

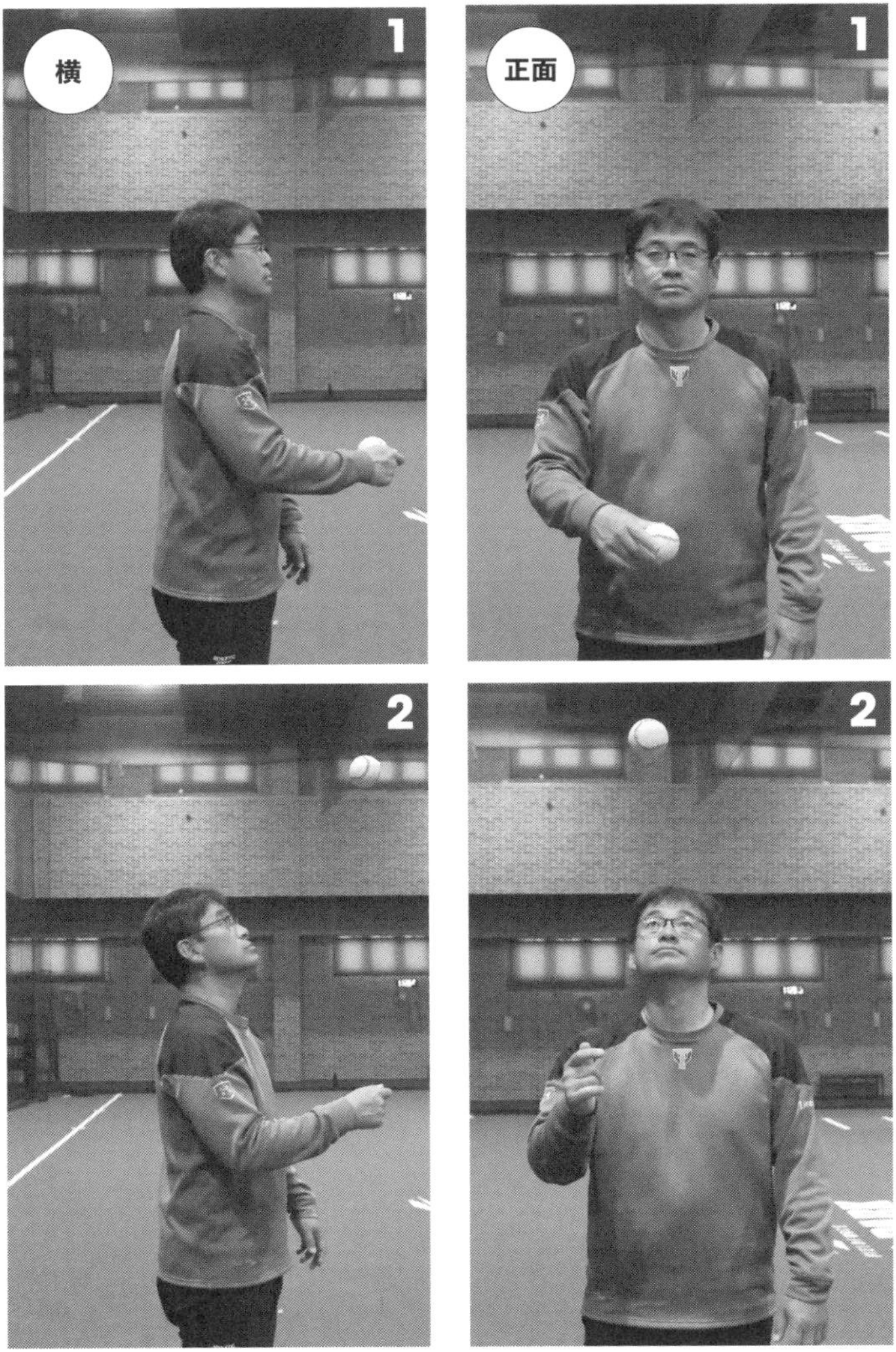

指パッチンを練習していくと中指と親指でボールを弾くようにスピンをかけられるため、ボールを上方向に上げられる

カットボール

握りと手首の動き

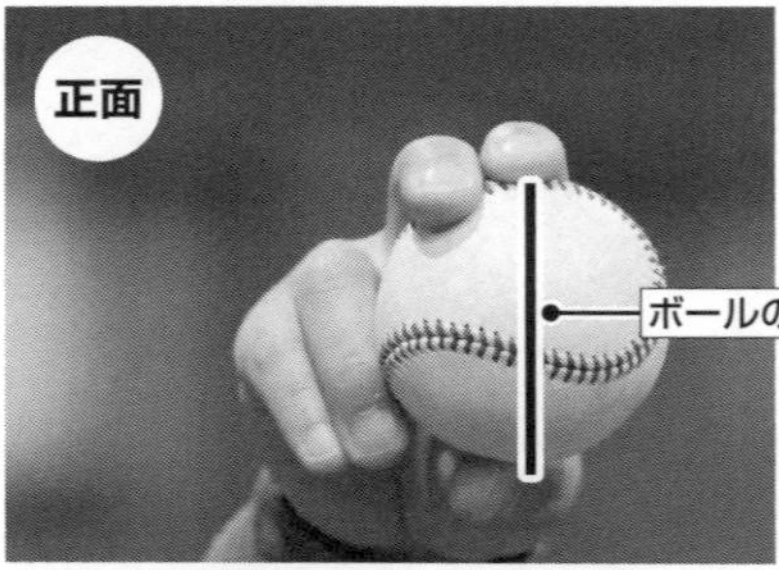

フォーシームの握り方から少し中指側に寄せる

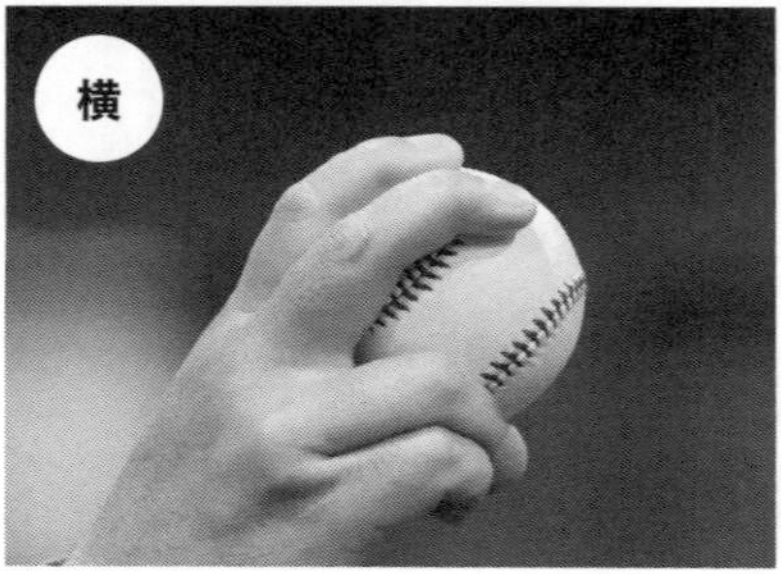

少しだけ中指をかぶせ、薬指でホールドして抜けないようにする

お手本の動画はこちら

真っすぐに近いが、小さく曲がる

カットボールとスライダーを比べると、基本的に曲がり幅が異なります。カットボールはかなり真っすぐに近いボールなのに対して、スライダーは基本的に大きく変化します。そのためカットボールはフォーシームの握り方から少しだけ中指側に寄せて握り、少しだけ中指をかぶせます。見た目は真っすぐとほぼ同じですが、横に抜けないように薬指でホールドをして、上から叩きつけるように投げていきます。指先でボールを押してしまうと上向きに走る緩いボールになるため注意しましょう。

全体の動き

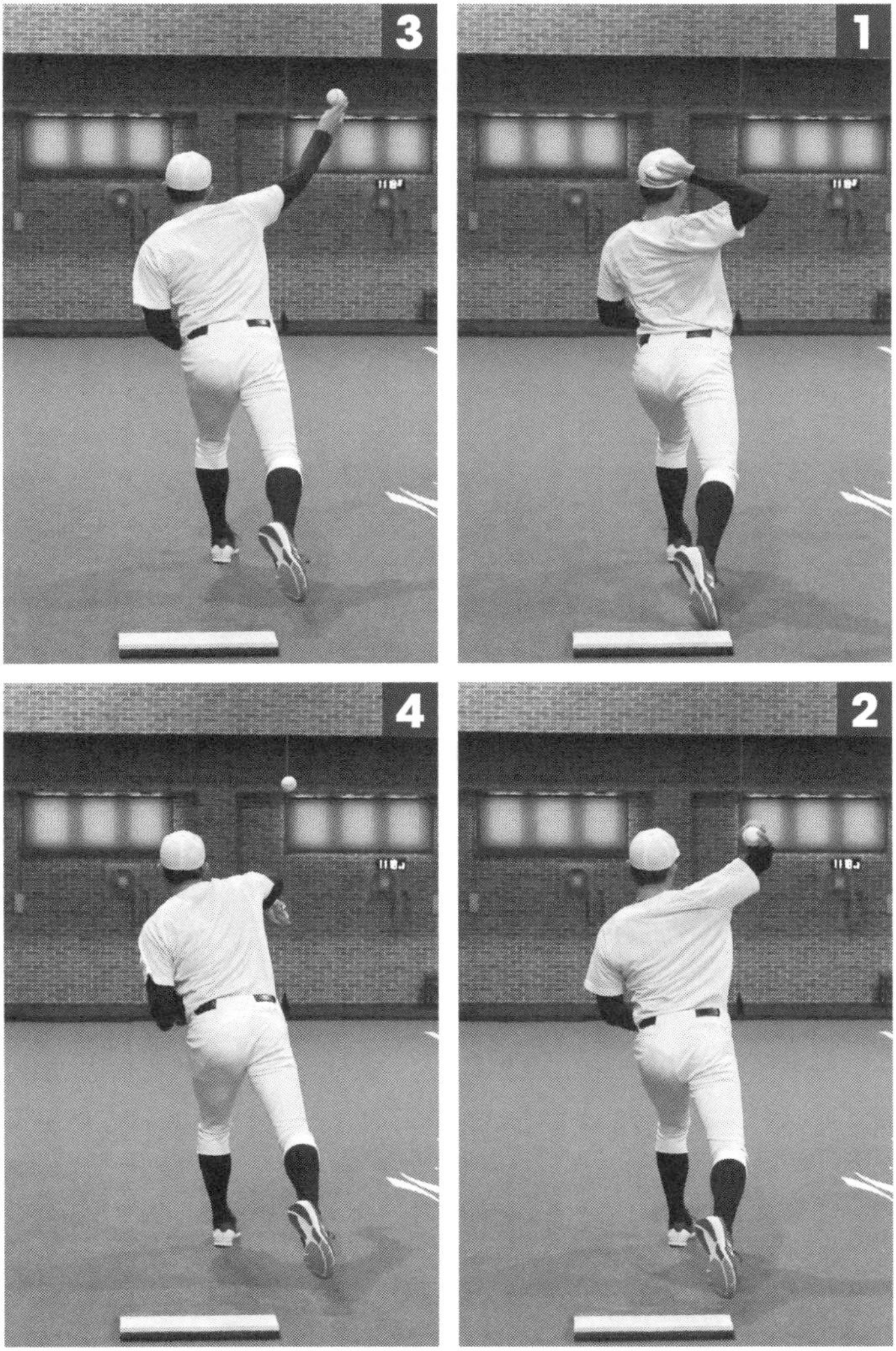

横にボールが抜けないように薬指でホールドし、地面にボールを叩きつけるように投げる

スライダーの習得①

初歩的なスライダー

お手本の動画はこちら

指がボールの横を滑るように動かして投げる

最も簡単に投げられるスライダーは、指がボールの横を滑るように投げます。腕の振り方としては空手チョップの感覚です。また、カーブの場合は腕や手首を巻き込む感じで投げましたが、スライダーの場合は指を巻き込むような感じです。実際の動作は同じですが、感覚としてこのような違いがあります。スライダー系の変化球にはカットボールやスライダー、縦スラ、スラッターなどがあります。スライダーを曲げたいときは、空手チョップのように腕を振り下ろして強い回転をかけるようにします。

▶ 握りと手首の動き

指がボールの横を滑る

人差し指と中指を揃え、中指を縫い目にかける

指がボールの横を滑るように動かす

空手チョップのイメージ

空手チョップをするように振りかぶる

空手チョップのイメージで腕を振り下ろす

全体の動き

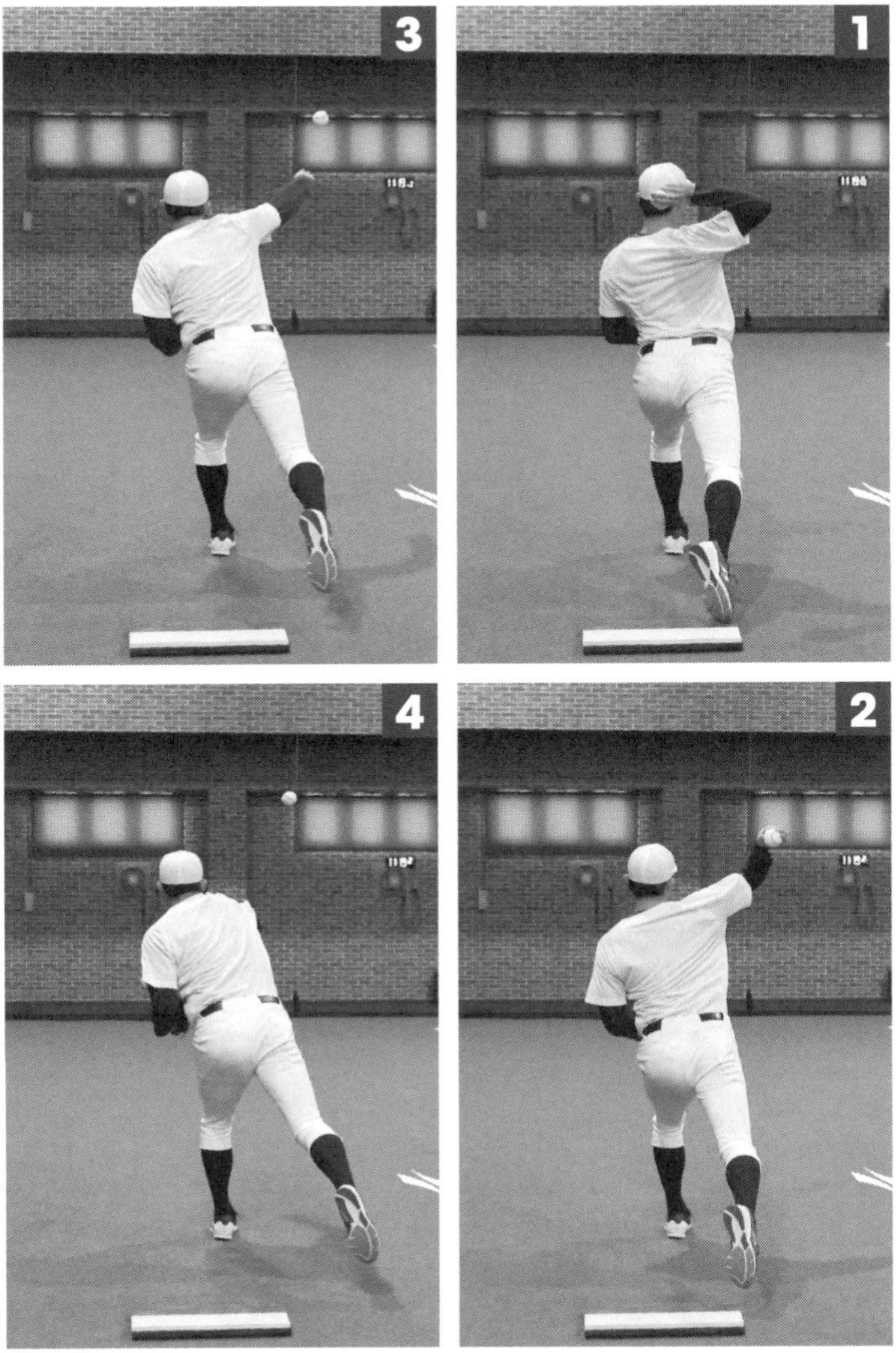

空手チョップのように腕を振り下ろし、指を巻き込むようなイメージで投げる

スライダーの習得②
スライダー

握りと手首の動き

人差し指を縫い目に置く

指の腹を使って投げる

空手チョップの要領で
腕を振り下ろす

お手本の
動画はこちら

スライダーとカットボールの違いとは

初歩的なスライダーとの違いは、投げ方（指の腹の使い方）と曲がり角度になります。

また、カットボールはリリース時に指先のほうでしっかりとボールを弾きます。これは真っすぐと同じで、真っすぐに近い形で指先の圧を使って投げるため、速いボールに変化が起こります。それに対してスライダーは空手チョップのような腕の振りですから、第1関節と第2関節の間辺りの指の腹を使って投げます。

なお、指の腹でボールを強くスライドさせるほど曲がりが大きくなりますが、球速は遅くなります。

全体の動き

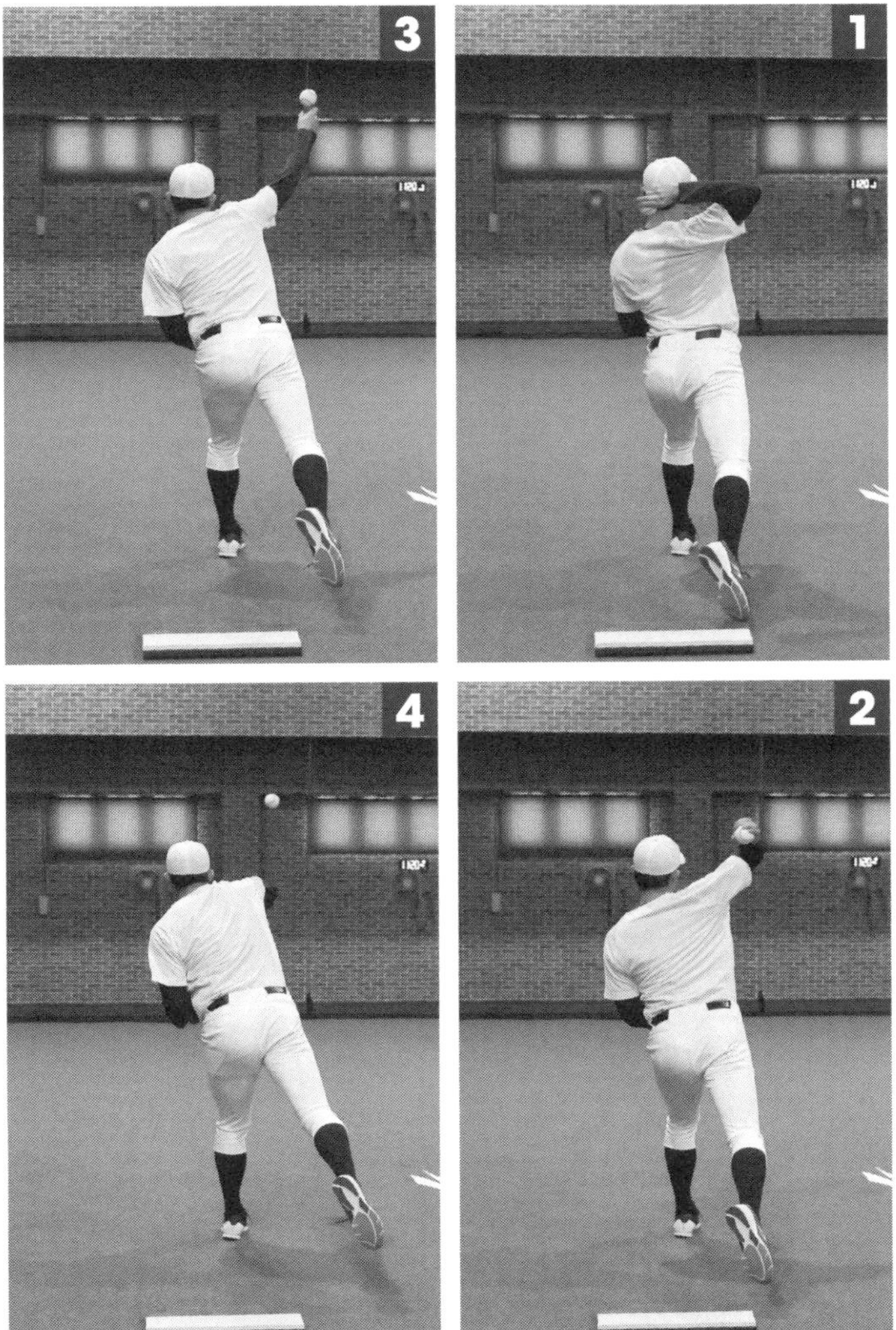

第1関節と第2関節の間辺りの指の腹を使って投げる。指の腹でボールを強くスライドさせるほど大きく曲がるが球速は遅くなる

スライダーの習得③

高速スライダー

握りと手首の動き

巻き込んでいくように投げるのが本来のスライダー。それを逆方向に切るようにしてスピンをかける

高速になるほど人差し指を使う

ボールと反対側に切るように指を動かす

お手本の動画はこちら

カットボールとスライダーの中間球

高速スライダーは、スライダーよりも球速が速く、カットボールよりは球速が遅くなります。そして曲がりを大きくしたいほど中指の腹を使います。中指のほうが人差し指よりも長いため、指の腹が使いやすいからです。それが高速になればなるほど、人差し指を使います。またスライダーは巻き込むように投げるのですが、高速の場合は写真のように反対側に切っていく感じになります。前田健太選手はシュートのような感じで投げていますが、中心軸よりも右側にずらして握るため、速いスピンをかけることができています。

全体の動き

曲がりを大きくしたいほど中指の腹を使い、高速になればなるほど人差し指を使う

スライダーの感覚をつかむ
ソフトウェイトボール投げ

お手本の
動画はこちら

柔らかいボールを指の腹を使って投げる

柔らかい素材で作られた100gや150gのボールを使うことで、指の腹を使う感覚が得やすくなります。普通のボールは縫い目があるため、指をかけて投げる球種は覚えやすくなりますが、ソフトウェイトのボールは指先がかからないため、指の腹で操作をしやすくなります。さらにボールが柔らかいので、この柔らかさを利用して指の腹で滑らせる感覚がつかみやすくなります。

また、このボールは指先に無理な力がかからないため、習得段階では非常に優れた練習方法です。

▶ ソフトウェイトのボールを使う

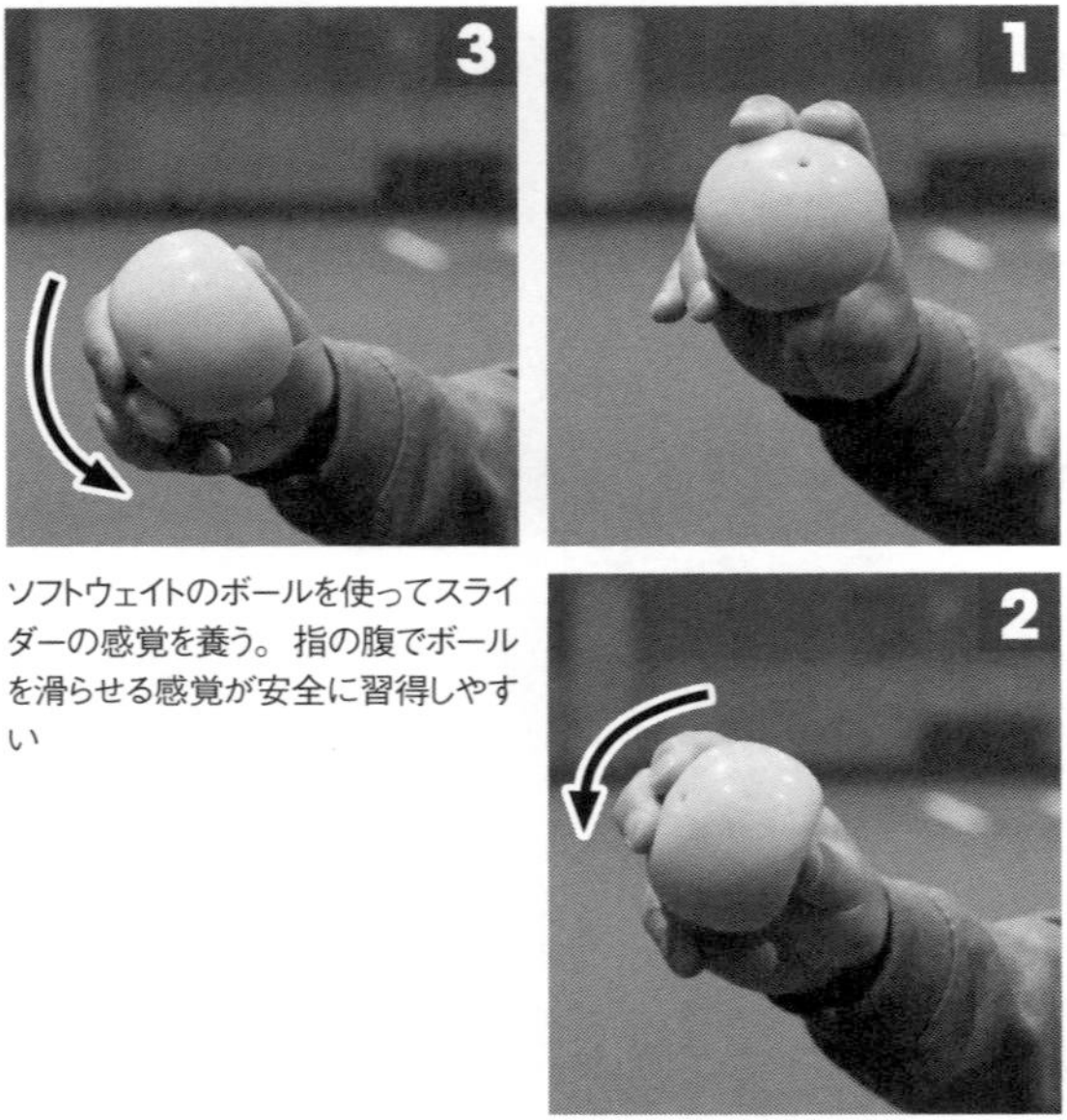

ソフトウェイトのボールを使ってスライダーの感覚を養う。指の腹でボールを滑らせる感覚が安全に習得しやすい

ソフトウェイトボール投げ

指の腹でボールを操作してスライダーを投げる。指の腹を滑らせるように動かすことがポイントとなる

落ちる系の習得① フォークボール

握りと手首の動き

縫い目に指がかからないようにして握ることで回転数を抑えたボールを投げられる

縫い目に指がかかってしまうと回転数が増えやすくなり、効果的に落下しなくなる

親指を真下に置いて親指の力も使って投げる

お手本の動画はこちら

三振を取る球種からカウントを取る球種へ

フォークボールの握りのポイントは、基本的に縫い目のないところを指で挟み、あまり回転をかけないで投げることです。縫い目に指がかかると回転がかかりやすいため、縫い目のないところを挟みます。そこから抜くように投げることで重力によって落差が大きくなるのですが、バッター側から見たときに、ボールが一回浮いたように見えます。そうすると球種の見分けがつきやすくなるため、チェンジアップやカーブのようにバッターの目線を外す目的で使うことが多く、ストライクを取る球種として用います。

全体の動き

1分間におおよそ700～1000回転をかけてフワッと落とすため、あまり回転をかけないで抜くように投げる

ジャイロフォーク

握りと手首の動き

基本は中指を縫い目にかけ、人差し指を縫い目から外して握る

お手本の動画はこちら

どちらかの指を縫い目にかけて投げる

近年はフォークやスプリットにいろいろな種類が出てきていますが、ジャイロフォークもそのなかの1つです。ニューヨーク・メッツの千賀滉大投手が投げる「お化けフォーク」もこのジャイロフォークです。

握り方は中指か人差し指のどちらかを縫い目にかけるのですが、基本は中指をかけるようにして人差し指を縫い目から外します。その握りから投げていくとリリース時に少しだけ中指が縫い目にかかるため、ジャイロ的な回転がかかって大きく落ちます。

全体の動き

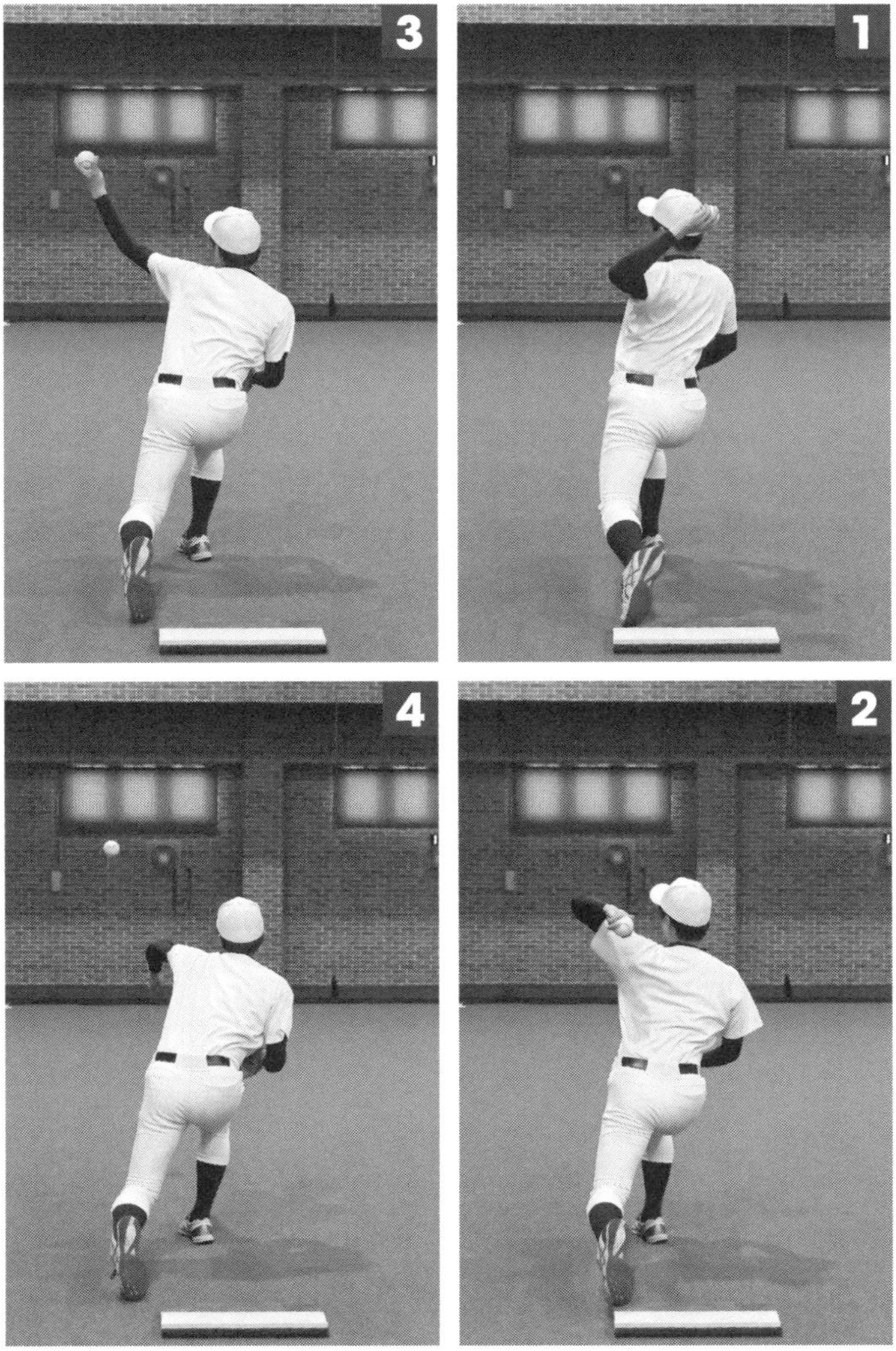

中指を縫い目にかけ、人差し指を外して投げることでリリース時に少しだけ中指が縫い目にかかり、ジャイロ的な回転がかかって大きく落ちる

落ち系の習得③

スプリット

▶ 握りと手首の動き

縫い目に沿って指をかける

指先をかければ落差が大きくなる

第二関節辺りをかければ球速が上がりバッターの手元で変化しやすい

お手本の動画はこちら

球速を重視するか落ち幅を重視するか

スプリットはフォークボールと異なり縫い目を挟むようにして指をかけます。その際に、指先で挟むようにすると落ちる幅が大きくなります。これを指の第二関節辺りがかかるようにするとバックスピンによって球速が出て、なおかつバッターのより手元で落ちるような変化になります。

スプリットは回転数がおおよそ1000〜1500回転になります。なお、メジャーではフォークという表現がないため、挟んで落とす球種はすべてスプリットと表現されます。

全体の動き

縫い目を挟むようにして指をかける。指先で挟むと落ちる幅が大きくなり、第二関節辺りをかけると球速が出て、なおかつバッターの手元で落ちる

落ちる系の習得④

チェンジアップ

お手本の動画はこちら

握りと手首の動き

薬指と中指を縫い目にかけ、ボールを挟むように握る

そのままボールを上に向ける

サイドスピンをかけて抜きながらかぶせるようにし、薬指と中指でボールを離していく

近年はフォークと同じような変化が多い

落ちる系のチェンジアップの考え方はフォークとほとんど同じです。握り方は薬指と中指で挟むようにし、抜きながらかぶせ、薬指と中指でボールを離していきます。ただ抜くだけでなく、少し回転をかけることでサイドスピンが起こります。以前はスクリューボールと呼んでいた変化球です。ただし近年の落ちる系のチェンジアップを見ていると、フォークとほとんど変わらないように見えます。そのため落ちる系はフォークかこのチェンジアップか、どちらか投げやすいほうを選ぶとよいでしょう。

全体の動き

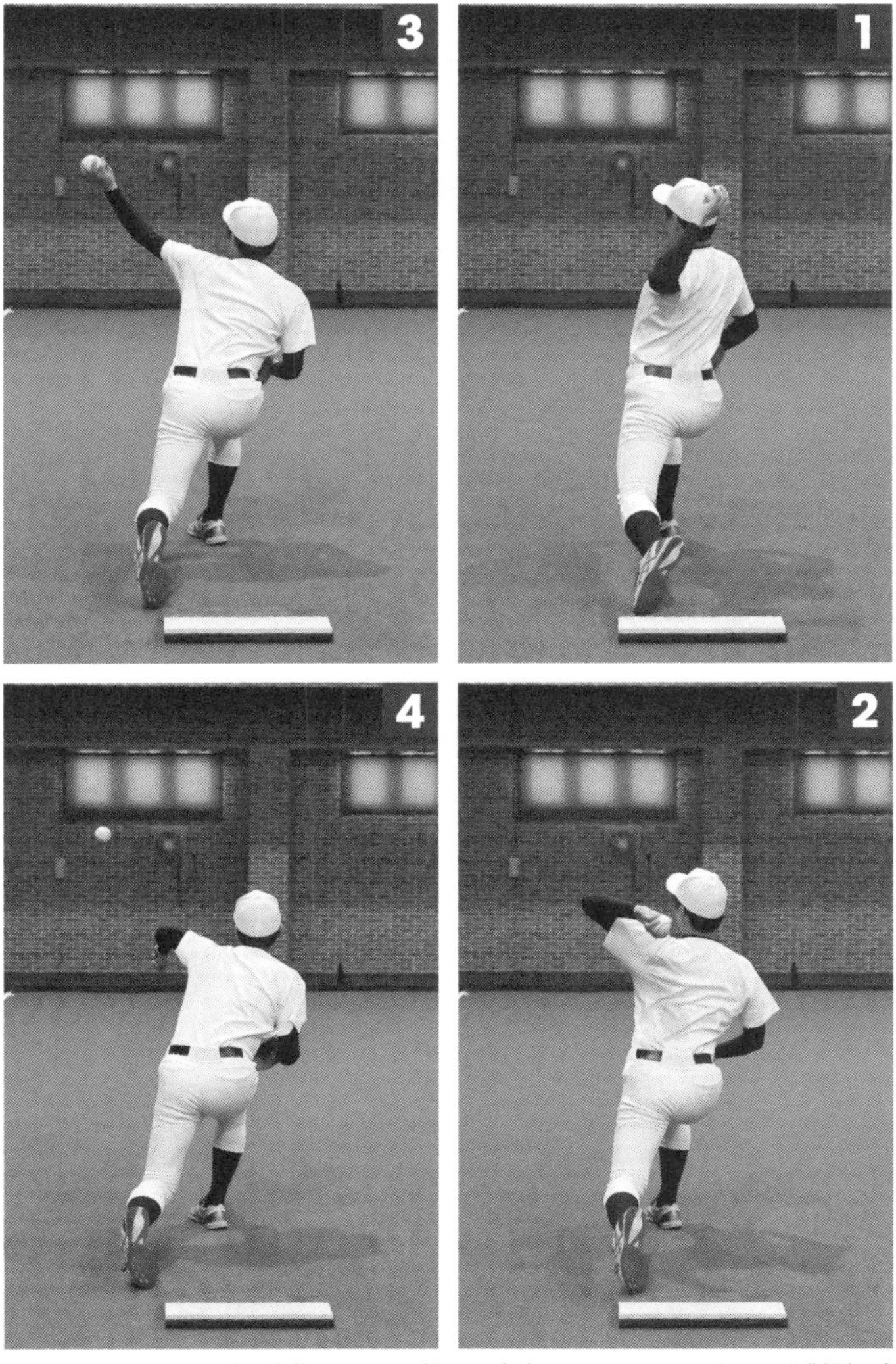

抜きながらかぶせ、薬指と中指でボールを離す。東京ヤクルトスワローズの石川雅規投手が得意としている

落ちる系の習得⑤

チェンジオブペースのチェンジアップその1

握りと手首の動き

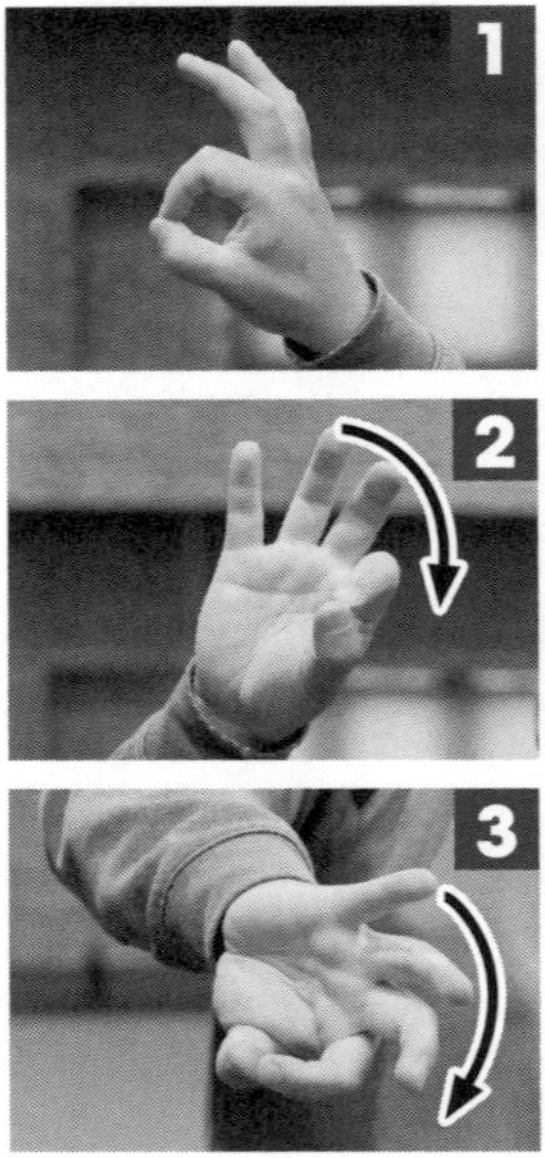

親指と人差し指でOKを作る。OKの輪っかをホームベースへ叩きつけるように腕を振る

親指と人差し指でOKを作り、ボールを包み込むように握る

お手本の動画はこちら

OKの輪っかをホームに叩きつける

チェンジオブペースの変化球とは、腕を振ってもボールが来ないと表現できるくらい球速がなく、変化をしながら落ちる球種を指します。サークルチェンジと呼ばれることもあります。基本的な握りは親指と人差し指をつけてOKを作り、ボールを包み込むようにします。そして指の間からボールを抜くように投げます。ただし、抜くボールはすっぽ抜けて上にいきやすいため、ＯＫの輪っかをホームベースへ叩きつけるように腕を振ります。そうするとバッターのほうへ来ないボールとなり、シュート回転をしながら落ちる軌道になります。

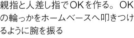

全体の動き

OKの輪っかを叩きつけるように腕を振るとバッターのほうへ来ないボールとなり、シュート回転をしながら落ちる

チェンジオブペースのチェンジアップその2

お手本の動画はこちら

ボールがカットする球質のピッチャーに向いたチェンジアップ

ボールがカットする球質のピッチャーに向いている、もう1つのチェンジオブペースのチェンジアップを紹介します。以前はパームボールと呼んでいましたが、現在ではあまり使われなくなった投げ方です。握り方は親指と薬指で握ります。あまり縫い目にかけないように握って投げるのですが、どうしても薬指や小指側の圧が大きくなるため、結果としてスライド回転とジャイロ回転をします。そうするとスライドしながら落ちる軌道になります。落ちる球が投げにくいサイドハンドのピッチャーにも向いています。

握りと手首の動き

正面

後ろ

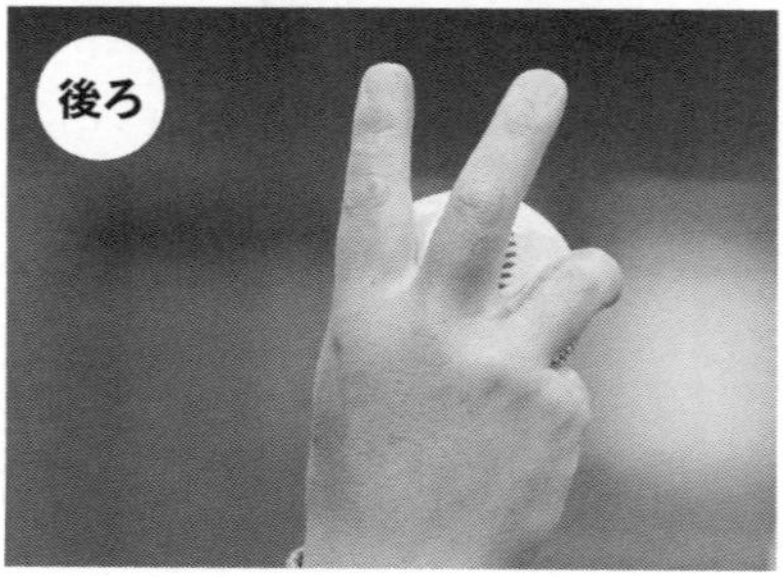

親指と薬指で握る

指先の動き

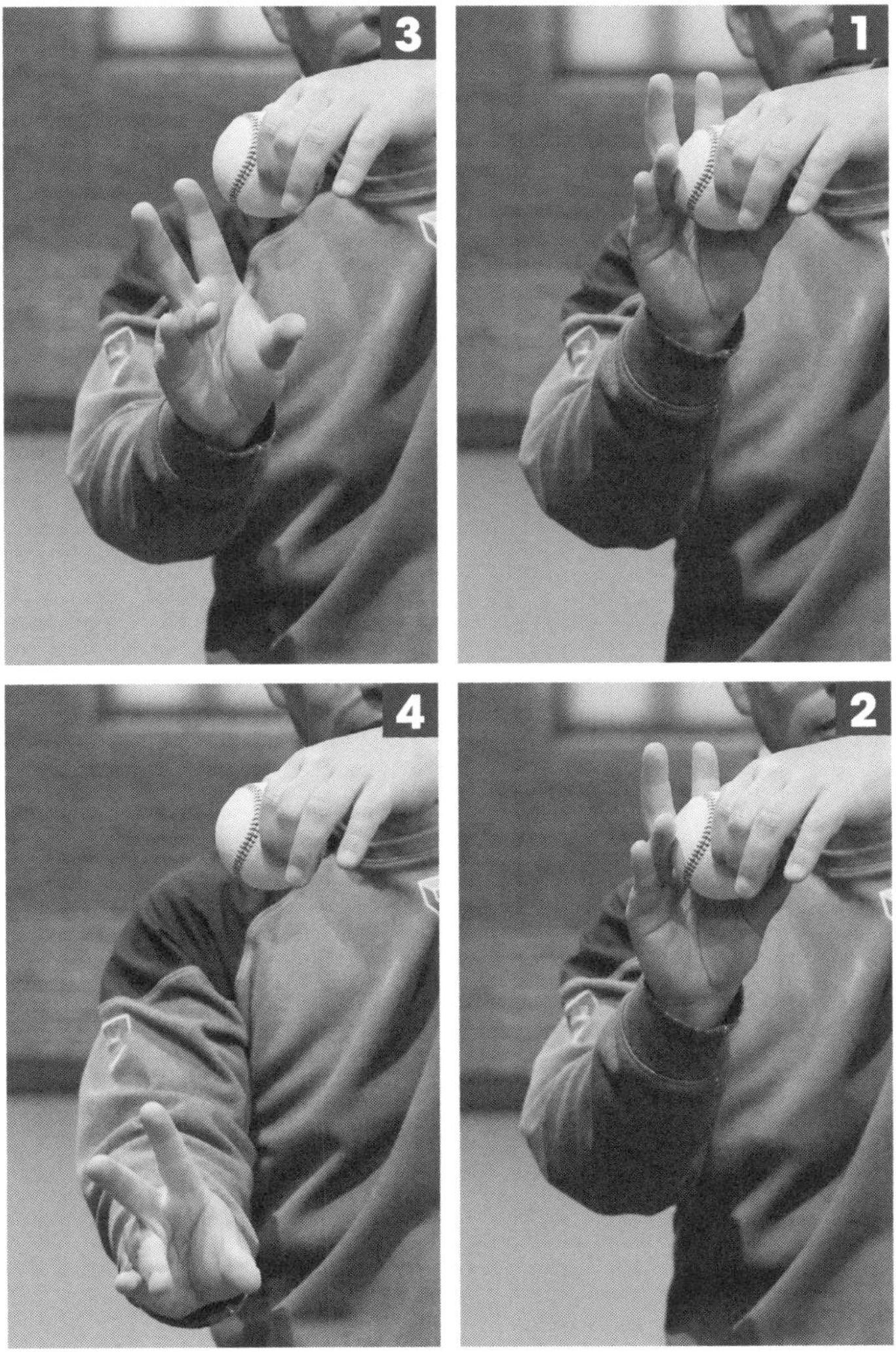

あまり縫い目にかけずに投げることで薬指側の圧が大きくなり、スライドしながら落ちる軌道になる

コースターを回して指の腹でボールを切る感覚を覚える

お手本の動画はこちら

コースターに指を置いて持つ

手首を捻ってコースターを回していく

180度くらいまでコースターを回す

コースターを使って手首の捻りを覚える

ゴム製のコースターを使い、手首の動きや指の腹でボールを切る動きを覚える練習です。

コースターに写真のように指を置き、コースターを１８０度くらい回します。スライダーをはじめ、指の腹でボールを切るような投げ方をする変化球の習得にも使えます。

コースターがない場合には、ガムテープの芯のようなものでも代用できますので、まずは身近にあるもので遊びながら試してみましょう。

第5章
変化球を投げるための土台を作る

手指のよい状態とは

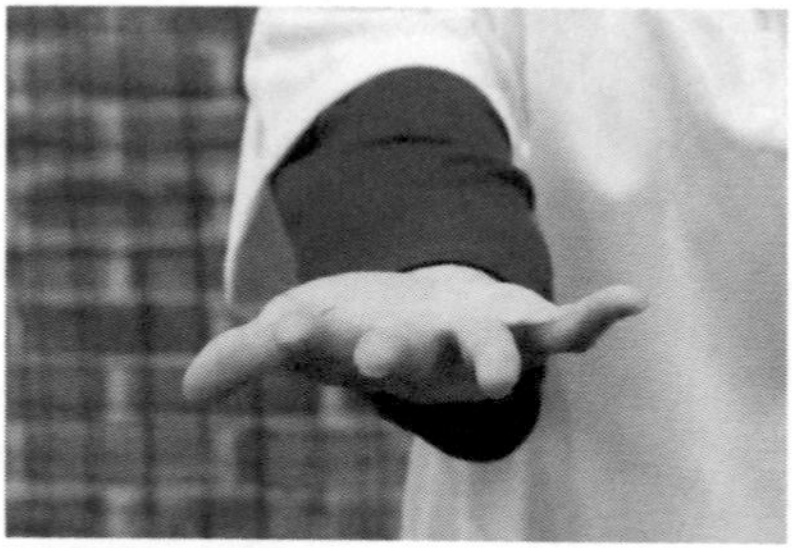

〇 指がフラットになっている

✕ 指が丸まり硬くなっている

手指や前腕、肩甲骨周りを鍛える

このパートは井脇が担当します。右の見出しの部位は効果的な変化球を投げるうえで非常に重要な役割を持っています。

まず手指はボールに対して繊細な操作をする部位であり、リリース時にボールへ力を伝える重要な役割を担います。また、そのためには握力が必要です。ところが投げ続けることで手指は丸まった状態で硬くなりやすく、そのままの状態が続くとボールに対する感覚が変わってしまうのです。そこで、まずは手のひらをフラットにしたう

手首のよい状態とは

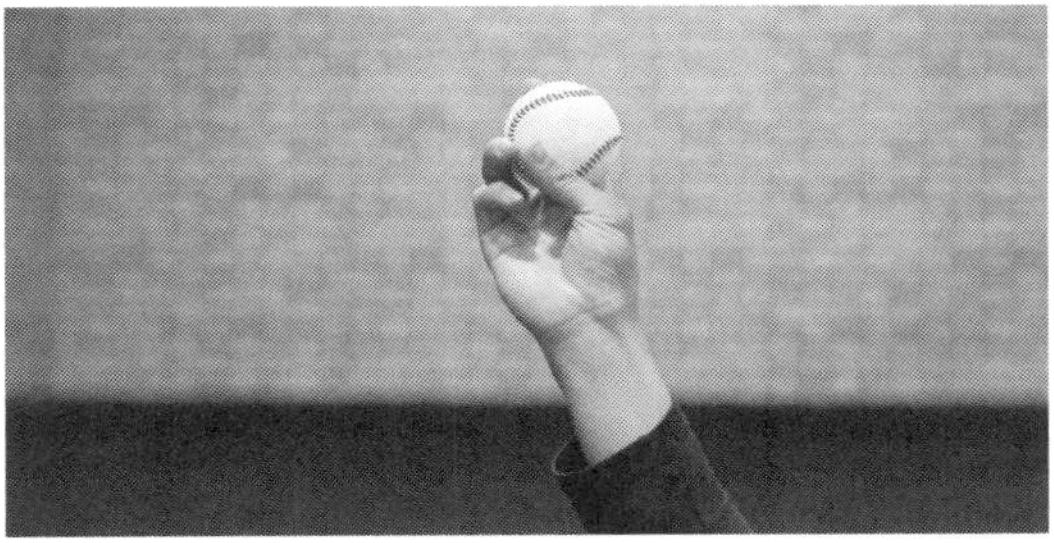

○ 手首が立った状態

× 手首が寝た（垂れた）状態

えで、手指が本来持つ機能を整えます。

続いて前腕ですが、変化球を多投すると写真のように手首が寝た状態になりやすいです。そうなると自身のイメージよりもロスのある動きになるため、肘が下がりやすく、川村先生の言葉でいうアーム系、僕の場合は手投げや腕の操作性が乏しい投げ方になってしまいます。そうなると、十分な変化がかけられなかったり、コントロールが定まりにくくなります。多くのピッチャーが嫌がる手首が寝てしまう状態に対しては、この部位のコンディションを高めることが重要です。

最後に肩周りです。肘の位置を高くして投げるという動きに対して重要な役割を持っている部位が、肩甲骨や胸郭を含めた肩

▶ 肩甲骨のよい状態とは

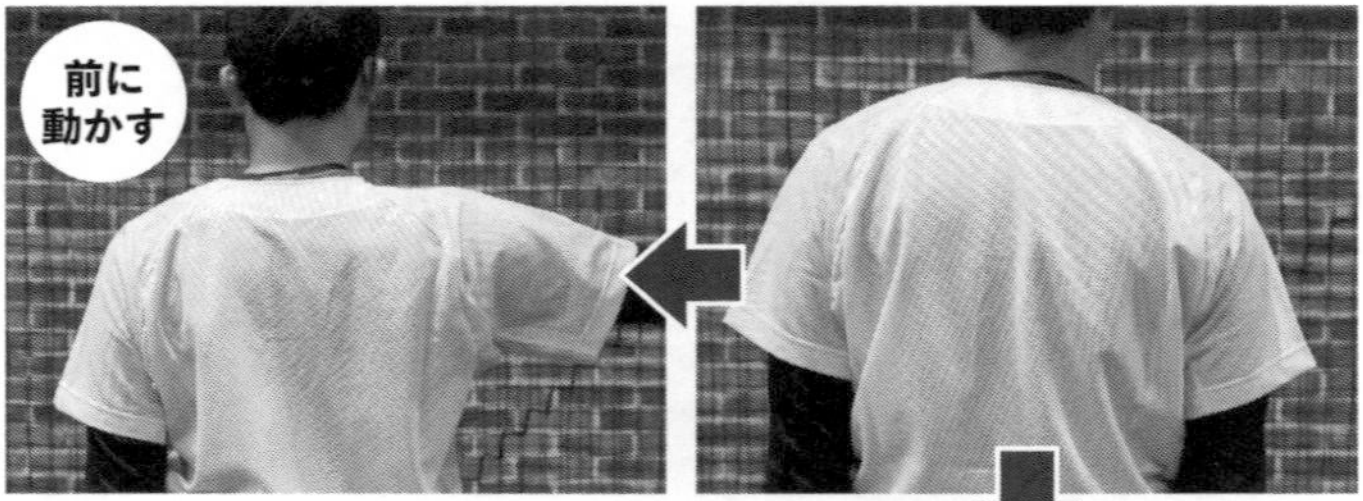

肩甲骨がよい位置にあると前や後ろに大きく動かせる。エクササイズやケアを続けることで、可動域がより大きくなる

周りです。肩甲骨がうまく使えなければ先ほど述べたように手投げや腕の操作性が乏しい投げ方に陥りやすく、故障にもつながります。また、変化球を投げるうえで重要な動きが腕のしなりであり、そのためには肩甲骨を起点にして前方向に力を発揮することが必要です。さらに、前に力を発揮するためには相対する筋群（特に身体後部）の機能向上が必要となります。投げるために必要な身体前部と後部の筋群のバランスを整えることが、連動性の向上などの大事なポイントです。

この章ではこれらの部位を鍛えるエクササイズを紹介していきます。変化球は真っすぐ以上に個体差、つまり千差万別なのですが、まずは、ここで挙げた部位の強化が変化球を投げるうえでの土台だと考え、紹介します。

注意点として、この後のエクササイズやケア

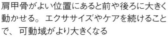

腕のしなりとは

肩甲骨が前後に大きく動き、奥行きを出すことによって肘が前に出やすくなり、腕のしなりが生み出せる

では、視線を下ではなく正面に向けて取り組むことが大切です。下を向くと頭が肩より前に出るため、腹圧が抜けるなどの代償動作が起こり、十分な効果を得られにくくなります。

強化する部位のケアが投球の質を保つ

強化する部位は投球によって最も消耗しやすい部位でもあります（いわゆる機能的な貯金がなくなる）。そのため、継続的にこれらの部位をストレッチ＆ケアしていくことが非常に大切であり、それによってパフォーマンスを発揮しやすくなります。また本書で紹介するストレッチ＆ケアは、発想や考え方次第でエクササイズにもなります。同じ動きでケアと強化の両方の効果があるため、効率よく行うことで、より質の高い変化球を投げるための土台が作れるようになります。

前腕系エクササイズ①

動画はこちら

チューブで手首を立てるために必要な筋肉を鍛える

エクササイズMEMO

効果と目的 手首を立てるために必要な腕橈骨筋を鍛える・よい手首の使い方のイメージをつかむ

目安の時間 各30秒～1分程度　**使用する道具** チューブ

体の前で手首を立てる

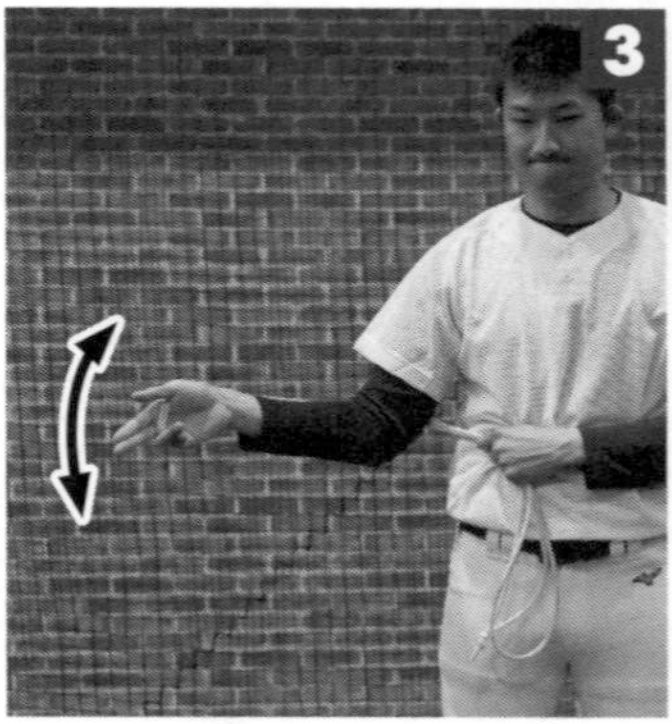

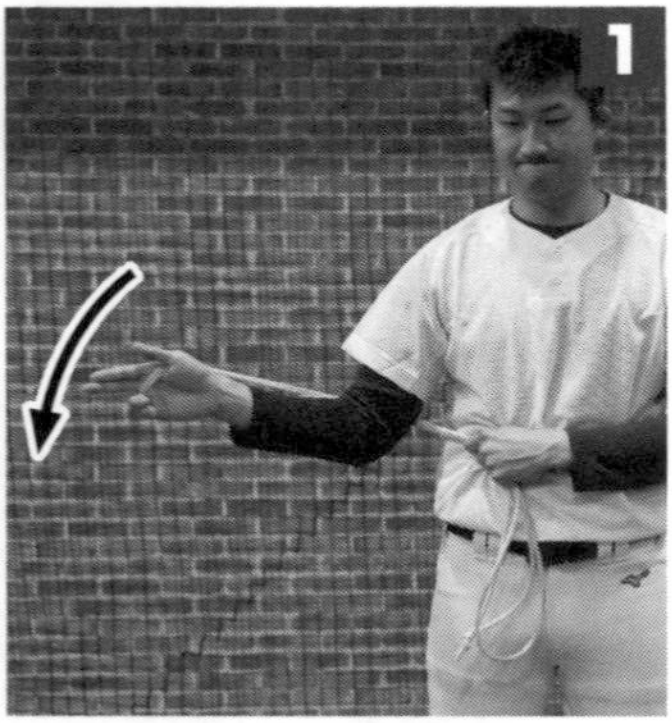

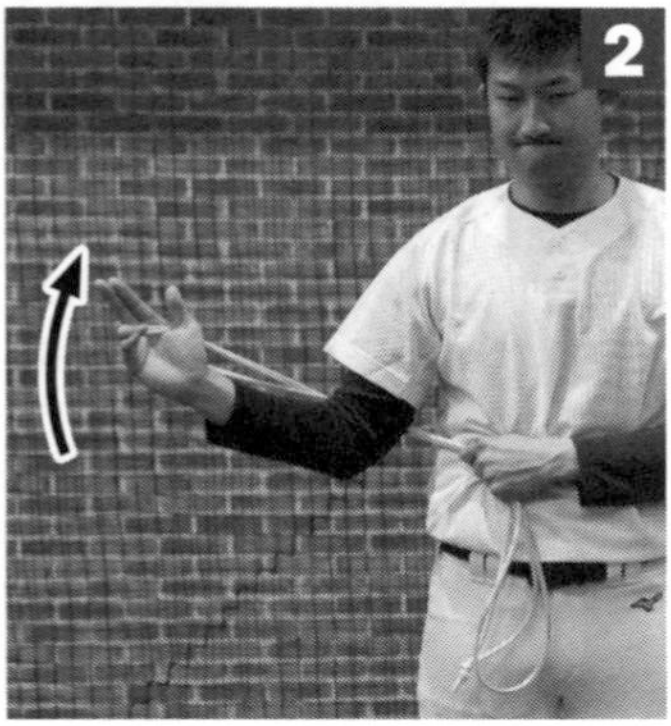

正面を向いて立ち、中指と人差し指にチューブを巻き付ける。その状態で手首を寝かせる→立てるを繰り返す

特に変化球を投げ続けることで起こる手首が寝てしまう現象。これは手首を立てることに作用する腕橈骨筋《わんとうこつきん》という筋肉の機能が低下していることが原因の1つです。このエクササイズは、腕橈骨筋を鍛えることが目的です。まずは中指と人差し指にチューブをかけ、身体の前で手首を立てるように動かします。続いて自分がリリースをする位置に手首を上げ、同じ運動を行います。腕橈骨筋のエクササイズとしてだけでなく、手首が立った状態や垂れにくい動かし方のイメージをつかむことにも役立ちます。

リリース位置で手首を立てる

正面を向いて立ち、中指と人差し指にチューブを巻き付ける。今度はリリース位置に手首を上げて、寝かせる→立てるを繰り返す。正しい手首の立て方や動きのイメージを作ることにも役立つ

動画はこちら

ゴムを使って
指周りの筋肉ほぐし

エクササイズ MEMO

効果と目的 指と周辺の筋肉をほぐし、手のひらを本来の形であるフラットに戻す

目安の時間 各30秒～1分程度 **使用する道具** 大きめの輪ゴム

5本の指にゴムを巻いて指を動かす

大きめのゴムがおすすめ

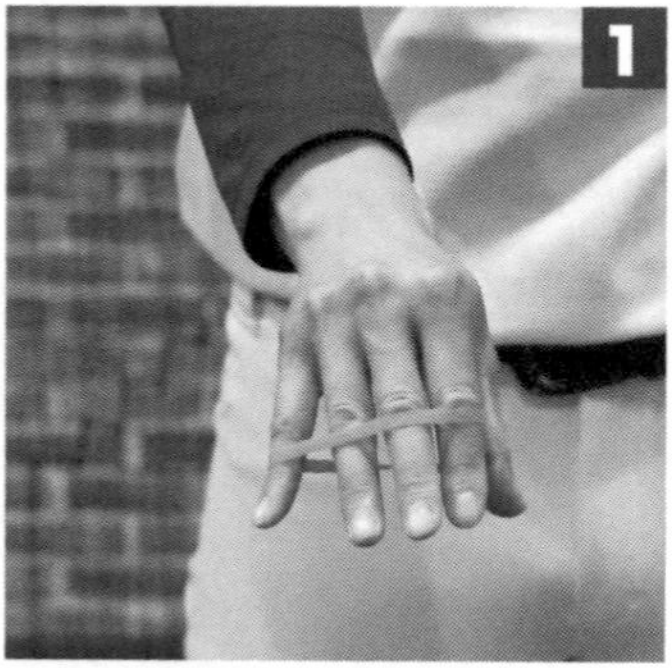

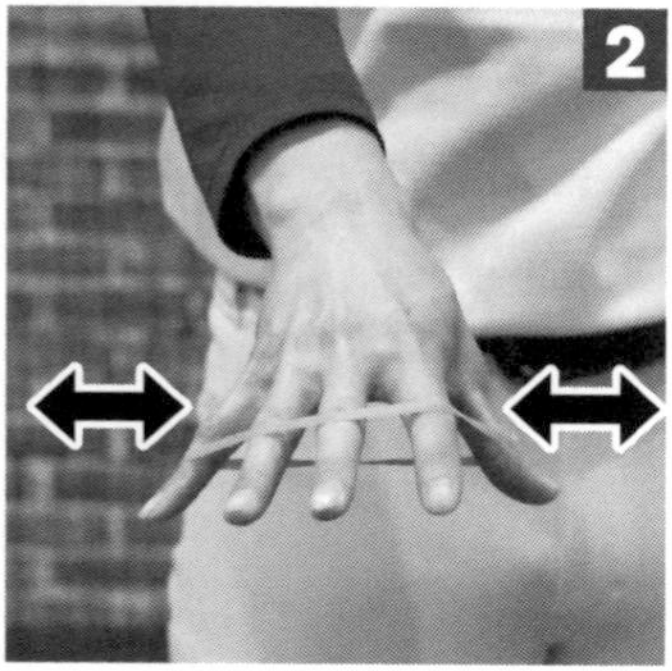

5本の指の周りにゴムを巻き付け、指全体を開いたり閉じたりする

ボールを握って投げる動作を繰り返していると、手が縮こまって丸まったり、指の間や指周りの筋肉が硬くなってしまいます。そうなると本人にとってコンディションがよい状態でボールを握るときと感覚が変わったり、投げ方に変化が出てきてしまいます。しっかりと指やその周辺の筋肉を伸展させて指を開き、手のひらの本来の形であるフラットに戻しましょう。そのために指にゴムを巻いて指を開いたり閉じたりします。ゴムの強度を緩めることでコンディショニングにもなります。

2本や3本の指にゴムを巻いて指を動かす

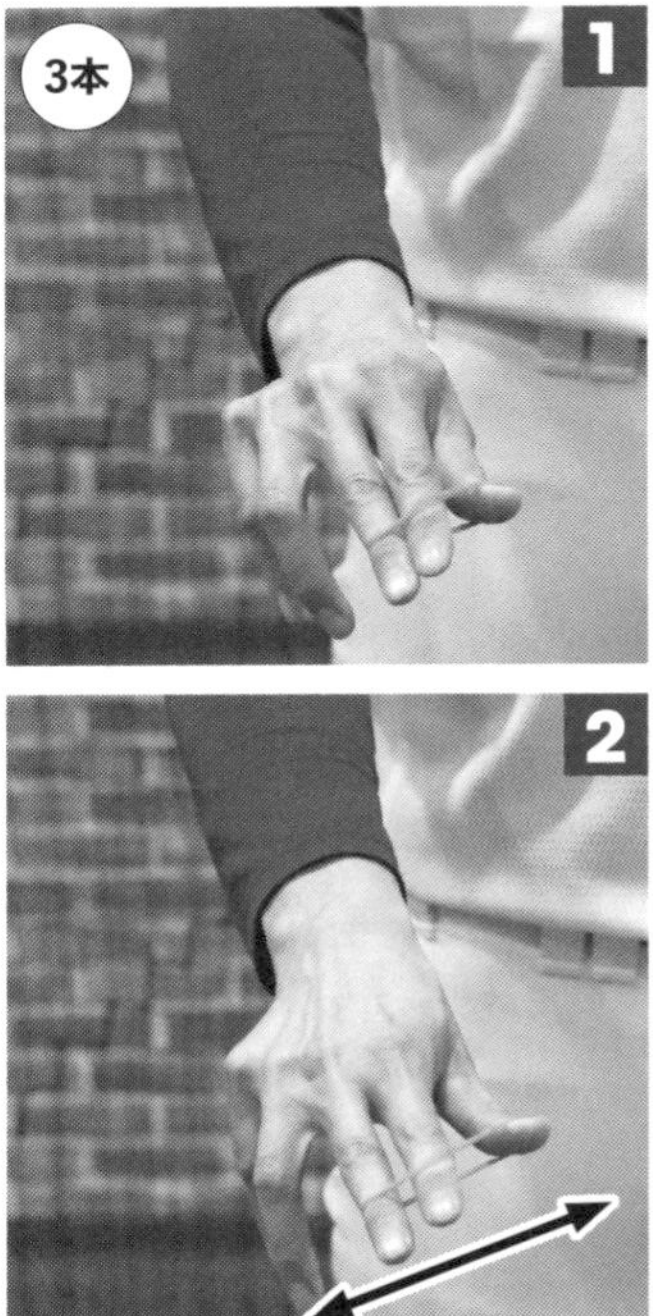

中指と人差し指、親指にゴムを巻き付け、指全体を開いたり閉じたりする

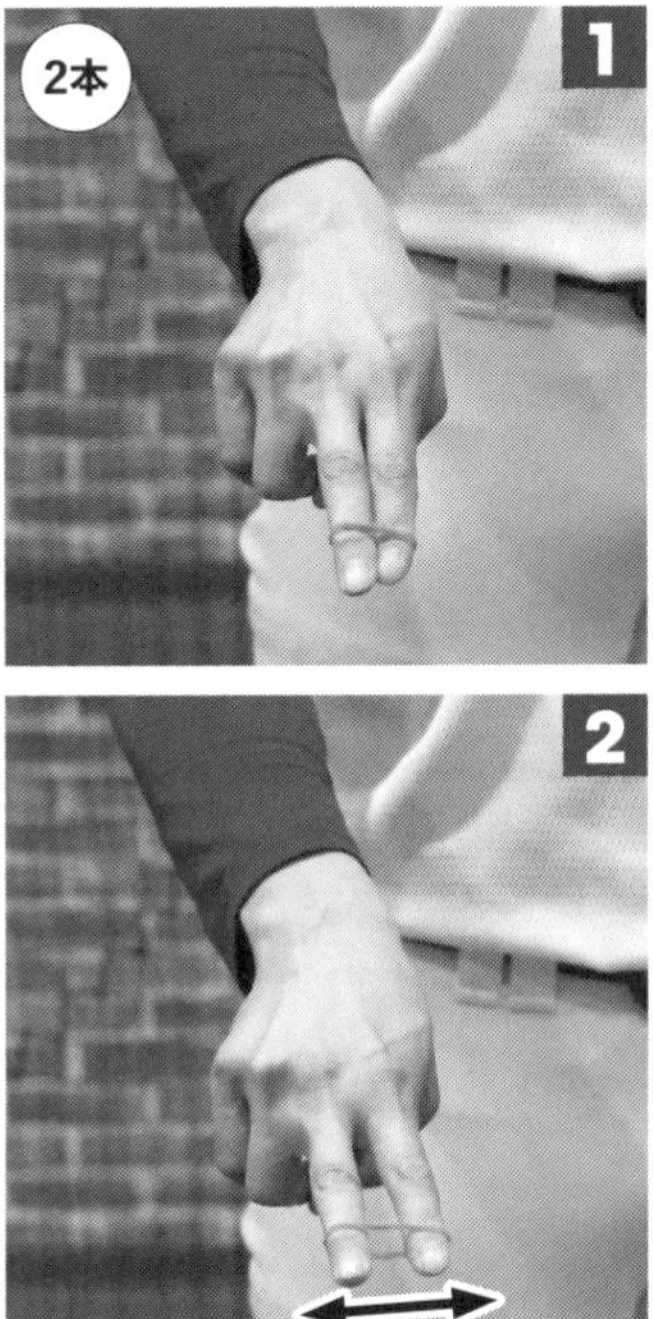

中指と人差し指にゴムを巻き付け、指全体を開いたり閉じたりする

動画はこちら

柔らかいボールを握って指周りの筋肉をほぐす

エクササイズMEMO

効果と目的 指全体の筋肉をほぐす・握力強化とボールの操作性向上

目安の時間 各1分程度　**使用する道具** 柔らかいボールと重めのボール

柔らかいボールで指全体のコンディショニング

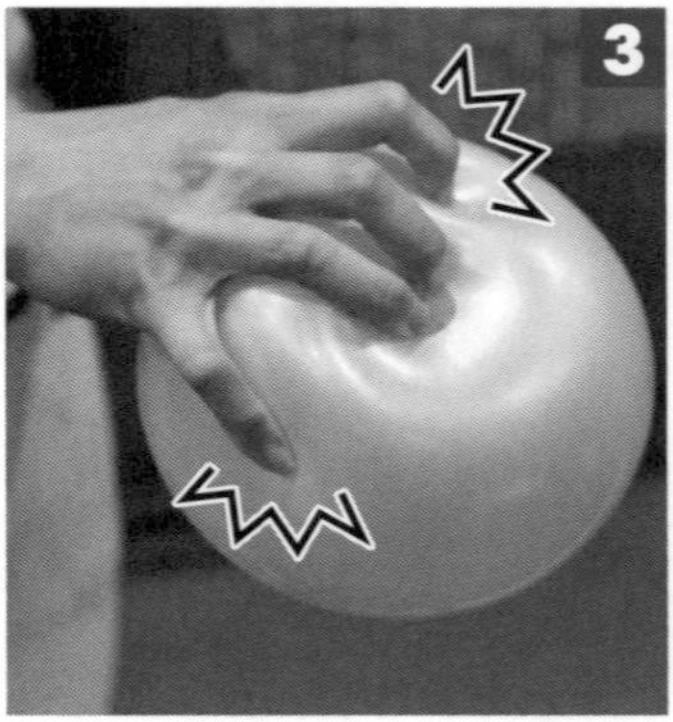

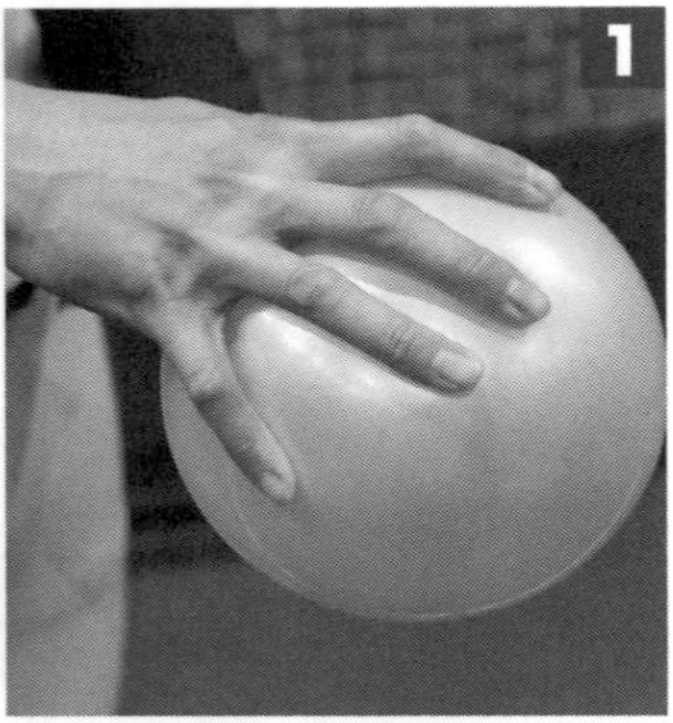

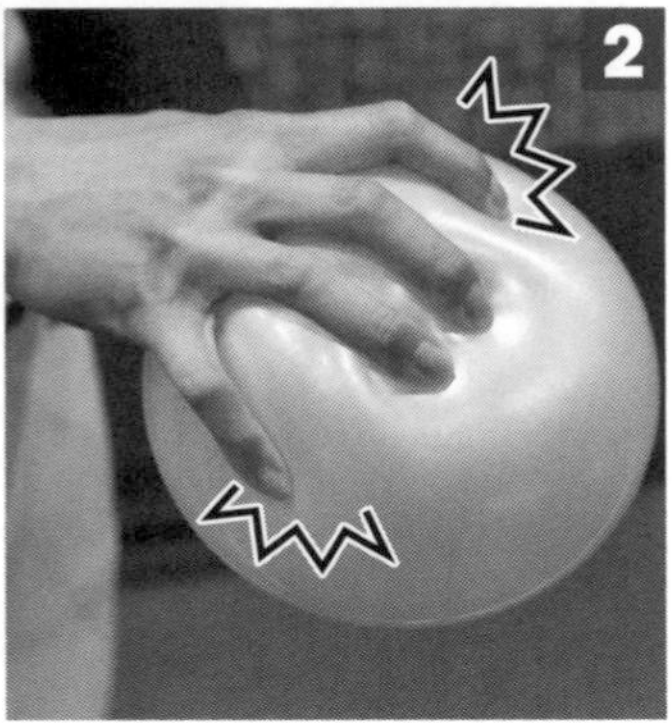

柔らかいボールを持ち、手のひら全体をつける。いろいろな方向から柔らかく握り指全体をほぐす

変化球を投げる場合には、真っすぐと比べてどうしても変則的に指や指周りの筋肉を使います。その部位を「前腕系エクササイズ②」と同じようにほぐしたり、コンディショニングを目的としたエクササイズです。まずは柔らかいボールに手のひら全体を当てて、いろいろな方向に柔らかく握ります。続いて重めのボールに替え、ボールを離してつかむ動きを繰り返します。変化球に必要な感覚はいろいろありますが、握力やボールを操作する能力はいろいろな場面で重要になります。

重めのボールで握力強化&操作性向上

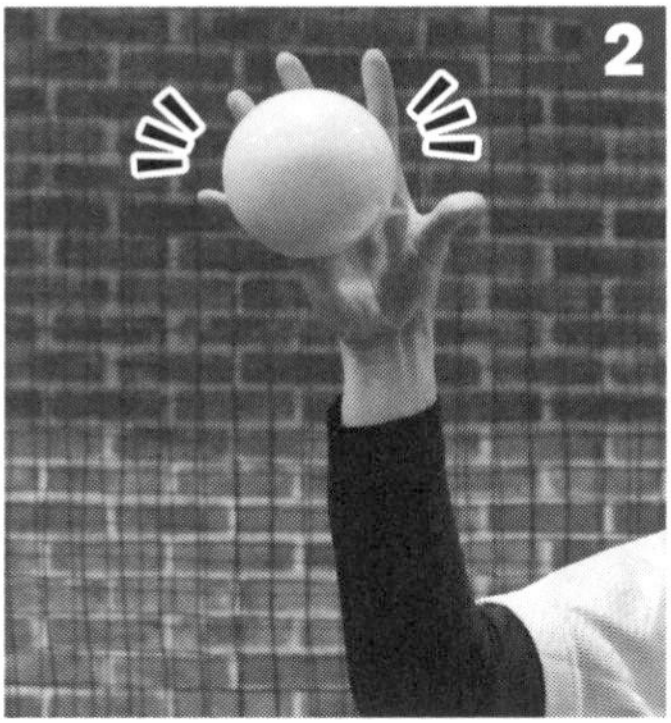

重いボールを離してつかむ動きを繰り返す。握力を鍛えると同時にボールをしっかりと握ったり、思い通りに操作する能力を向上させる

動画はこちら

プールスティックで指の関節の感覚強化

エクササイズMEMO

効果と目的 指先をかけて握る感覚の強化・腕全体の連動性向上
目安の時間 各1分程度 **使用する道具** プールスティック

指先をかけて握る

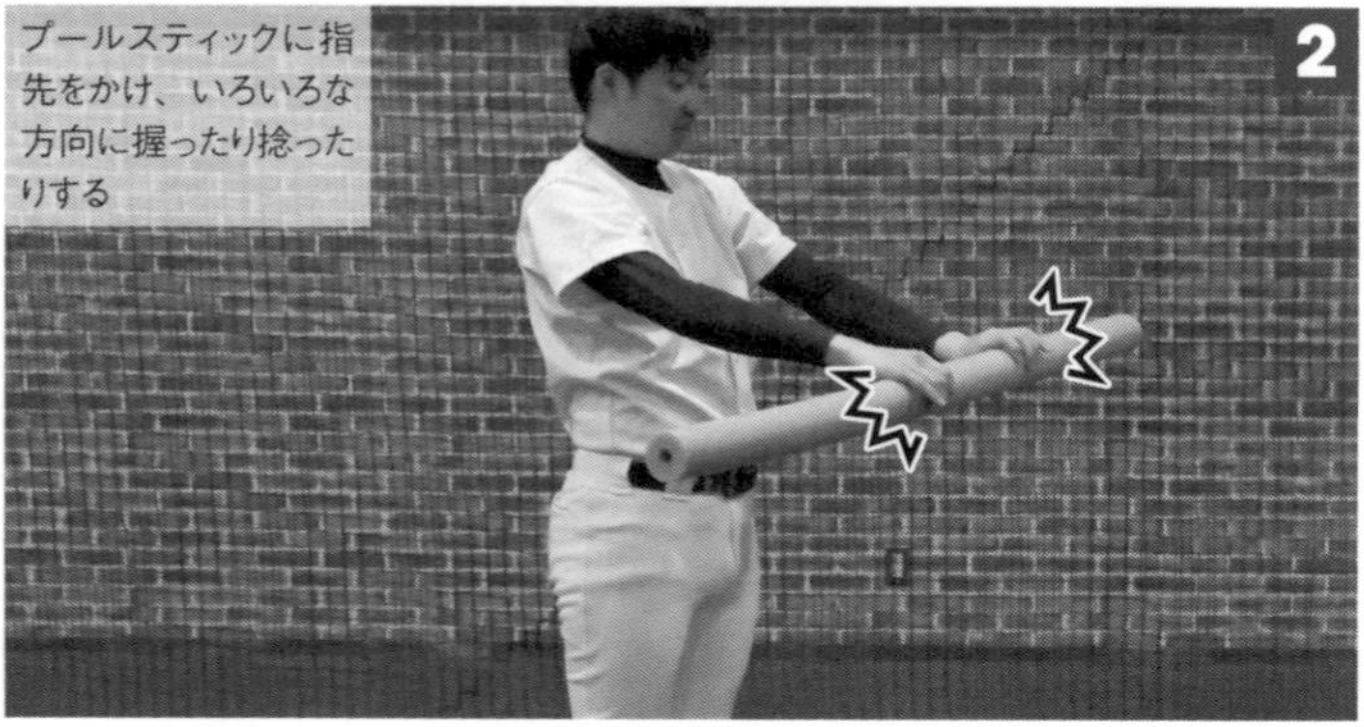

プールスティックに指先をかけ、いろいろな方向に握ったり捻ったりする

このエクササイズは柔らかい樹脂製のプールスティックを使います。

まず、指先をかけてプールスティックを握ります。1つの場所で続けるのではなく、プールスティックの位置をいろいろと変えて行うことで負荷のかかり方が変わります。また、様々な位置で指を自由に動かすことも非常に大切です。見た目は簡単そうですが、1分間続けるとかなり前腕に疲労を感じます。握る位置が疲れによって下がらないように注意してください。

いろいろな位置で握る

プールスティックの位置を変える。どの位置であっても指先をかけて握ったり捻ったりする

片手で握る

片手でプールスティックを持って握る

動画はこちら

プールスティックで腕全体を動かす

エクササイズMEMO

効果と目的 肩の機能を発揮する基礎作り・肘を上げる意識の向上

目安の時間 各30秒～1分程度　**使用する道具** プールスティック

身体の正面で腕全体を回す

身体の正面でスティックを持つ。手首や肘、肩を連動させて内旋や外旋を行い（捻り動作）、スティックを左右に大きく動かす

プールスティックを片手で持ち、腕全体を使って大きく回します。ピッチングでは手首や肘、肩の内旋と外旋の動きが大きく伴われるため、その動きに対する基礎トレーニングになります。プールスティックを使うことで、ほどよい負荷やしなり、重さが得られます。投球時のように肘の位置をしっかり確保し（トップを作る）、リリースからフォロースルーにかけて、腕の振りをタイミングよく発揮することが重要です。このトレーニングでは、その意識づけもできます。

ピッチングの動きで振る

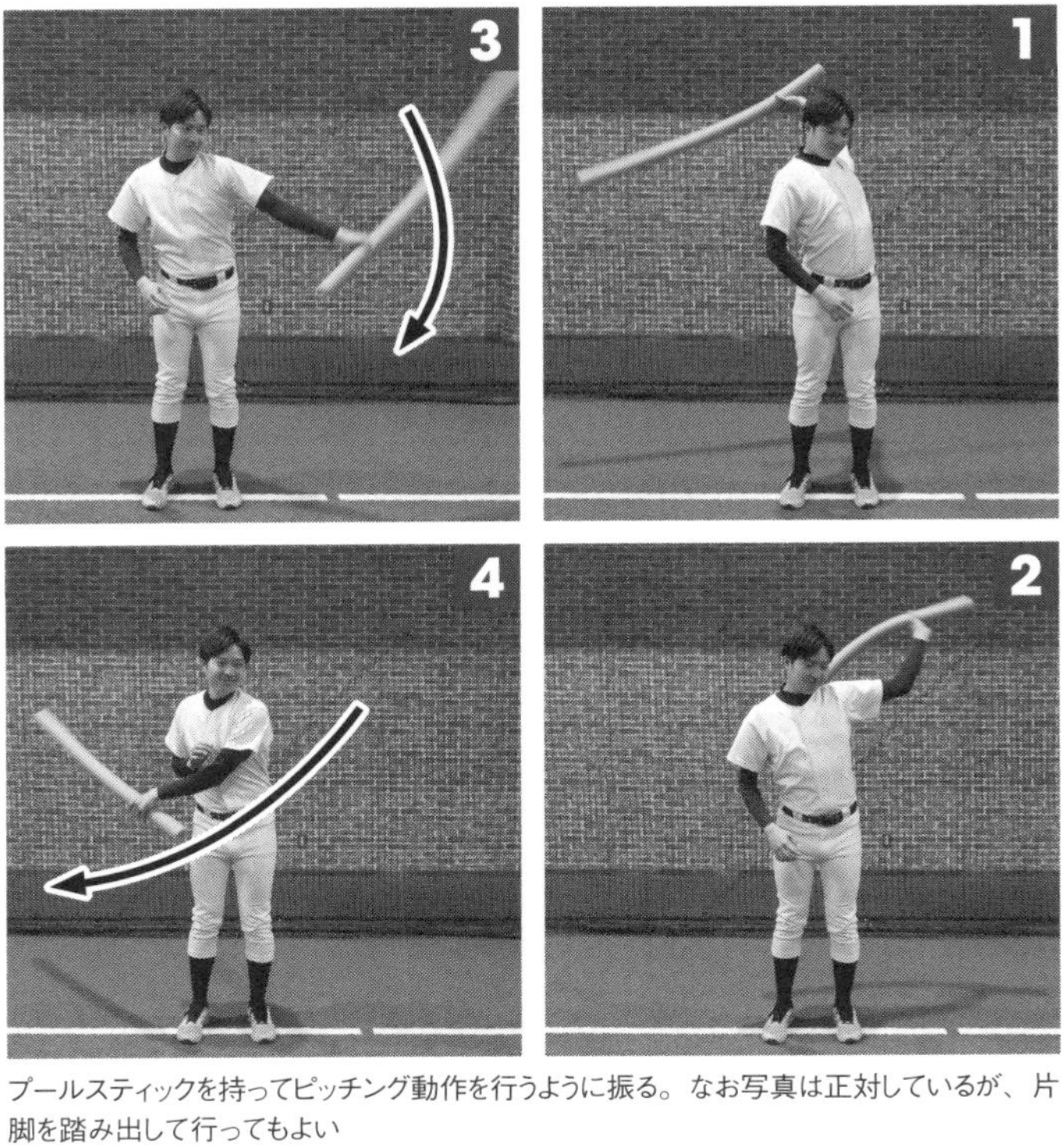

プールスティックを持ってピッチング動作を行うように振る。なお写真は正対しているが、片脚を踏み出して行ってもよい

動画はこちら

身体の上と前で プールスティックを回旋

エクササイズ MEMO

効果と目的 肩の機能を発揮させる基礎作り・肩甲骨周りの強化

目安の時間 各30秒～1分程度 **使用する道具** プールスティック

頭上でスティックを回す

スティックを頭上に上げる。その状態をキープしたままスティックを回し続ける。ポイントとしては最大限の範囲で回しきること（エンドフィール※）。ただし痛みが出たら中止する

※関節を他動的に動かしたときに最終域で感じられる抵抗感のこと

腕の捻り（肩の内旋・外旋運動）を行い、肩甲骨が働いているポジションでのエクササイズになります。

ステップ脚を前に出してスティックを回します。肩甲骨と上腕骨の関節を上げたポジションをキープできることが理想です。多くの選手はスティックを回すうちに肩甲骨が下がってきますが、これは肩甲骨を支える機能が低下している可能性があるためです。そうなると手投げになりやすくなります。このエクササイズによって肩甲骨周りの支持機能の強化も行えます。

脚を前後にしてスティックを回す

今度は脚を前に出してスティックを回し続ける

動画はこちら

重めのボールを持って腕回し

エクササイズMEMO

効果と目的 肩甲骨の機能を発揮させる・肩甲骨周りの強化
目安の時間 30秒程度 **使用する道具** 重めのボール

1
重めのボールを持って構える（※）

2
肩甲骨から動かして腕を振る

※ ボールが重すぎると肩肘を痛める原因となるため、導入には注意を払う（特にジュニア期）。また、肩や肘に違和感がある場合は中止する

３００〜５００ｇのボールを持って肩を回旋させます。軽いボールだと簡単にできる動きですが、少し重くなるだけで動きが小さくなりがちです。それをスムーズに腕と肩甲骨を動かすことが重要です（コッキングからフォロースルーにかけて）。

気をつけてもらいたいことは、ボールの重さに耐えられず、徐々に身体から手が離れること。こうなると腕投げになりやすいため、肘を上げて肩甲骨をしっかりと動かします。肘が下がると肩甲骨が動かせなくなってしまうので注意してください。

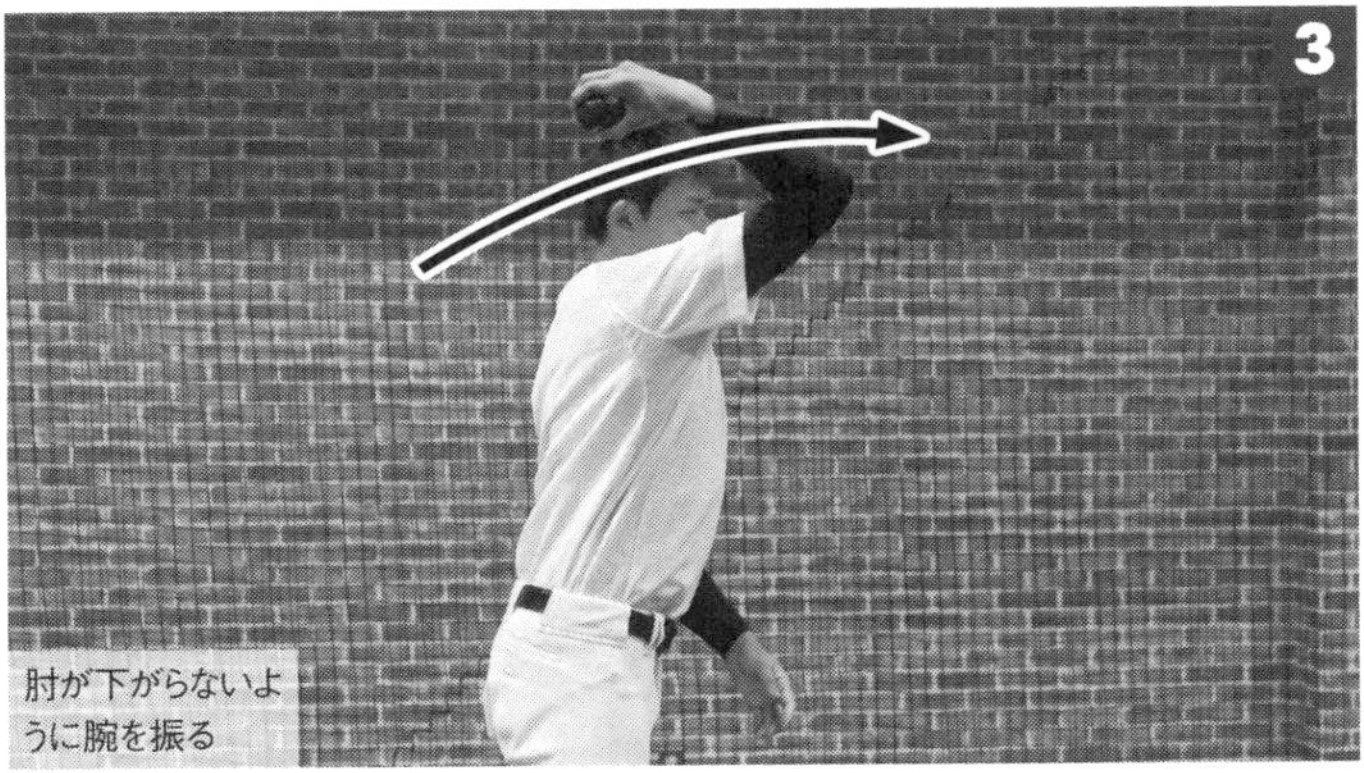

肘が下がらないように腕を振る

肘が下がる

肘が下がると肩甲骨が動きにくくなり、手投げの動きになってしまう。また肩や肘を痛める原因にもなる

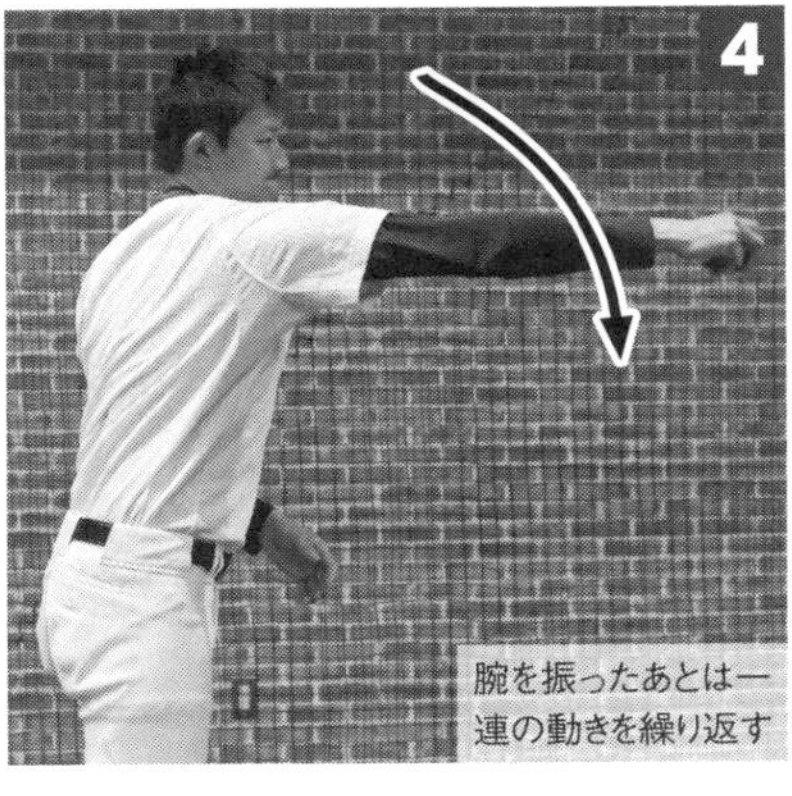

腕を振ったあとは一連の動きを繰り返す

動画はこちら

バランスボールを使って前に力を発揮させる～その1～

エクササイズMEMO

効果と目的 肩甲骨の機能を発揮させる・肩甲骨周りの強化

目安の時間 各30秒程度 **使用する道具** バランスボール

手のひらをバランスボールに乗せて上下に動かす

バランスボールに手のひらを乗せて押しつける。肩甲骨を前に押しつけた状態で手のひらを上下に動かす

変化球でも真っすぐでも身体の前で力を発揮することが重要です。そのためには、肩甲骨が投球時に機能している（腕を支えられる）状態で投げられるかがポイントになります。バランスボールを使うことで、肩甲骨を押しつけながら前に力を加えていく動きのトレーニングができます。腕ではなく、肩甲骨を起点にして腕を動かすイメージで行ってください。注意したいのは、僧帽筋が優位に使われてしまうことです。支えながら操作することは非常に難易度が高いですが、この点を意識して取り組んでください。

肘をバランスボールに乗せて上下に動かす

1

2

バランスボールに肘を乗せて押しつける。肩甲骨を前に押しつけた状態で肘を上下に動かす

動画はこちら

バランスボールを使って前に力を発揮させる～その2～

エクササイズMEMO
効果と目的 肩甲骨で前方向に力を発揮させる
目安の時間と回数【1人で行う】20～30秒 / 【ペアで行う】20回程度
使用する道具 バランスボール

肘をボールに乗せて押し込む

バランスボールを壁に当てて肘を置く

そのまま押し込む

特に落ちる系やスプリット系の変化球を投げる場合には、前でさばくイメージを持っている方が多いと感じています。そのためには、肩甲骨と腕が協調し合っている必要があります。腕が身体の遠くを回ってしまうと軌道が変わってしまい、コントロールだけでなく、故障のリスクも出てきます。このエクササイズでは、バランスボールを前に置いて肩甲骨で力を出し続けます。ふらふらしないように注意してください。また、手首の向きを正面に向けてもいいでしょう。

ペアになり肩甲骨を押し込んでもらう

1

2

押す側に左右同時や左右交互に肩甲骨を前に押しつけてもらう。肩甲骨を前に出して支える感覚がつかみやすい

動画はこちら

腕を上げて壁ドリブル

エクササイズ MEMO

効果と目的	肩甲骨の機能を発揮させる・肩甲骨周りの強化
目安の回数	各30回×2～3セット
使用する道具	バスケットボールやハンドボール

両手で壁ドリブル

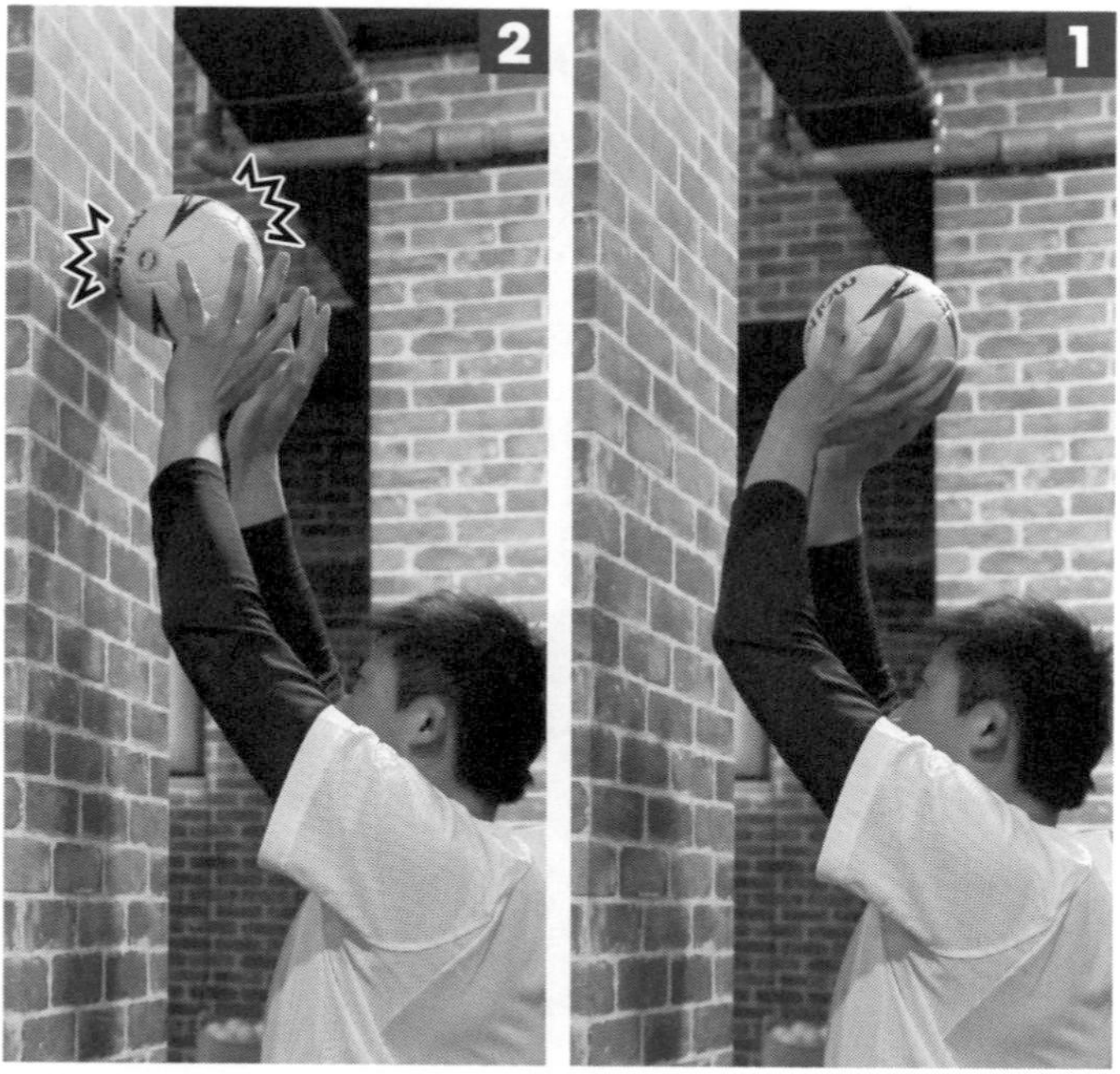

両手でボールを持って肘を上げ、壁を使ってドリブルを続ける。指先で操作するのではなく、腕全体（肩甲骨）でドリブルするイメージ。また、ボールの衝撃を受け止める際も、指先ではなく肩甲骨で受け止めるイメージで行う

アクセラレーションからリリースにかけて、最後の押し込みの動きを強化するエクササイズです。

腕を高く上げ、肩甲骨を支点にして腕を動かし、柱や壁を使ってドリブルを行います。同じ場所に突き続けるのですが、肩甲骨の機能が低いと腕を支えられずに下がってしまいます。手の位置を柱や壁に正対させ、できるだけ同じ場所についてみましょう。

正しい動きができると肩にボールの衝撃を受けるため、肩周りに張りを感じられます。

片手で壁ドリブル

利き手でボールを持って肘を上げ、壁を使ってドリブルを続ける。指先で操作するのではなく、腕全体（肩甲骨）でドリブルするイメージ。また、ボールの衝撃を受け止める際も、指先ではなく肩甲骨で受け止めるイメージで行う

動画はこちら

壁に向かって ハンドボールスロー

エクササイズMEMO

効果と目的 肩甲骨の機能を発揮させる
目安の回数 30回×2～3セット **使用する道具** ハンドボール

1
ハンドボールを持ち壁に向かって立つ

2
手指だけでなく、腕全体（肩甲骨）から操作するイメージで行う

ハンドボールを持ち、指の操作ではなく、腕から肩（肩甲骨）全体を上手く使って壁にドリブルのイメージで当てます。肩の機能を使ってボールに力を加えることが大事なポイントです。ところが、肩の機能がうまく使えないとボールを真っすぐに当てることができず、壁に当たりにくくなります。また、投げ続けるうちに肩甲骨が下がってしまいます。

ドリブル時、上半身がグラグラしないように注意し、肩甲骨が下がらないように気をつけ、ボールを壁に当て続けましょう。

肩の機能がうまく使えていると同じ場所に当てられる

この動きを30回ほど繰り返す

動画はこちら

手首を立てて チューブを引っ張る

エクササイズMEMO

効果と目的 肩甲骨の機能を発揮させる・手首を立てる筋群の強化・リリースポイントのよいイメージ作り

目安の時間 各1分程度 **使用する道具** チューブ

手首を立ててチューブを引っ張る

中指と人差し指にチューブを引っかけて構える

同じリリースポイントまでチューブを引っ張る動きを繰り返す

このエクササイズも身体の前側で力を発揮することが目的です。中指と人差し指にチューブをかけ、手首を立てた状態で肩甲骨を使ってチューブを引っ張ります。間違った動きで多いのは脇が開くことで手首が寝てしまうことです。加えて肩甲骨の支える機能が低いと静止ができず、肩や腕がフラフラしてしまいます。また、このエクササイズ後にボールを持ち、自分の球種のリリースポイントまでチューブを引っ張ることで、よりよいイメージが作れるようになるでしょう。

トップから同じリリースポイントまでチューブを引っ張る動きを繰り返す

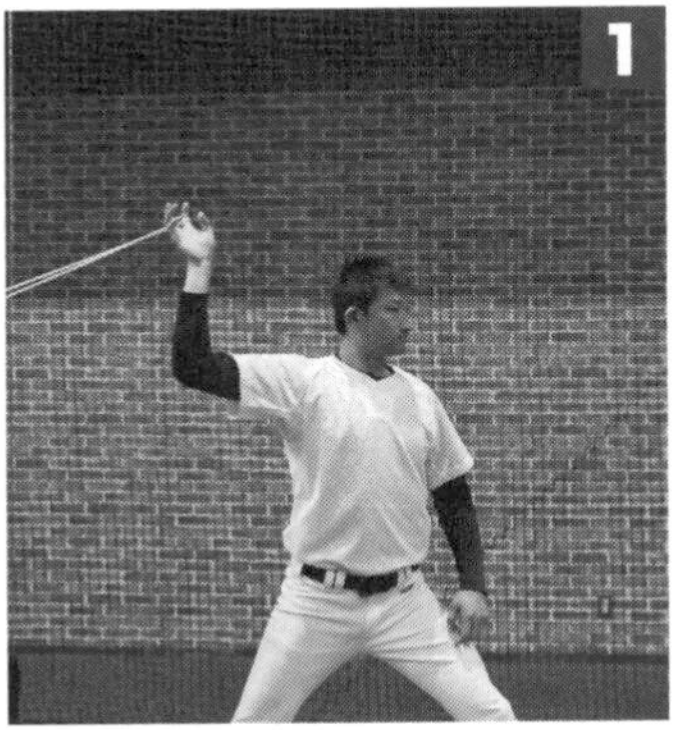

自分の変化球のリリースポイントまでチューブを引っ張る動きを繰り返す

動画はこちら

台に手をかけて
後ろ側への動きを獲得

エクササイズMEMO

効果と目的 肩甲骨の機能を発揮させる

目安の回数 30回×2～3セット **使用する道具** 台やイス

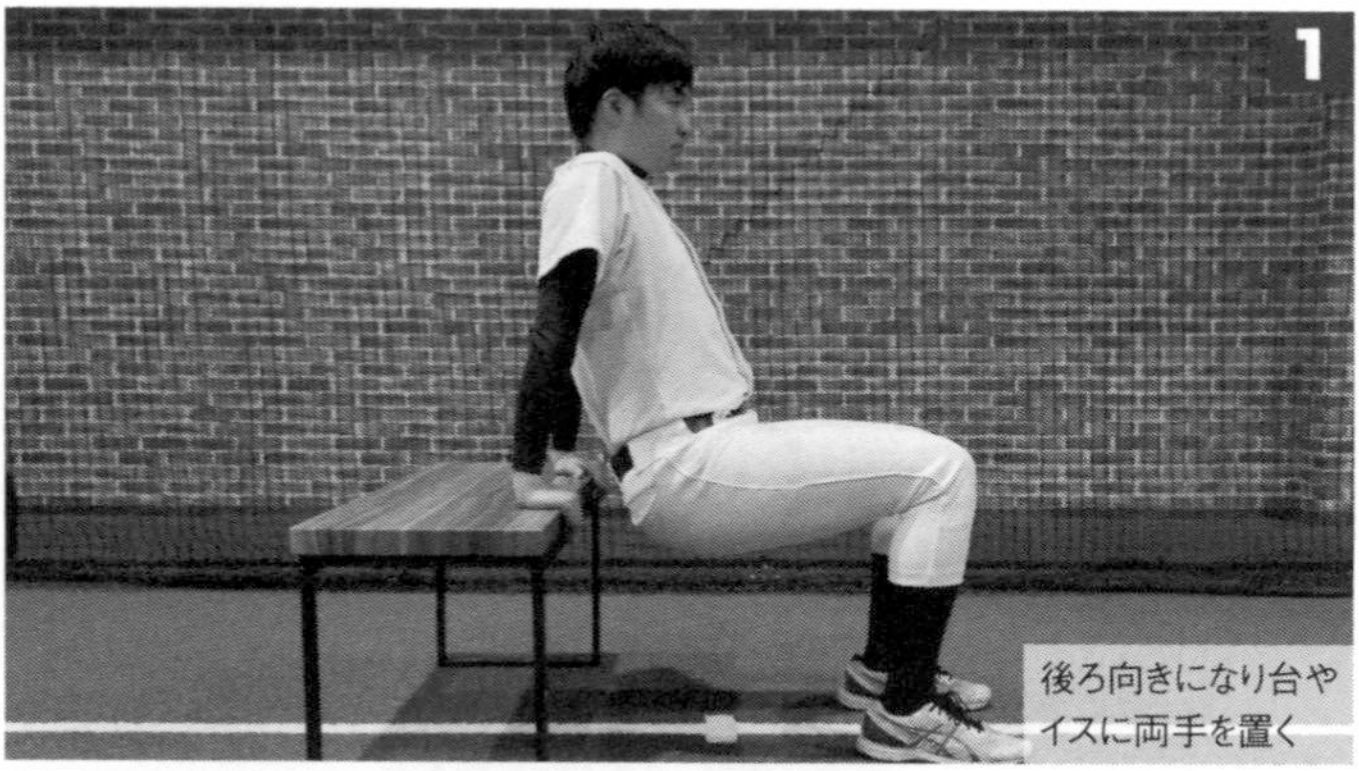

後ろ向きになり台やイスに両手を置く

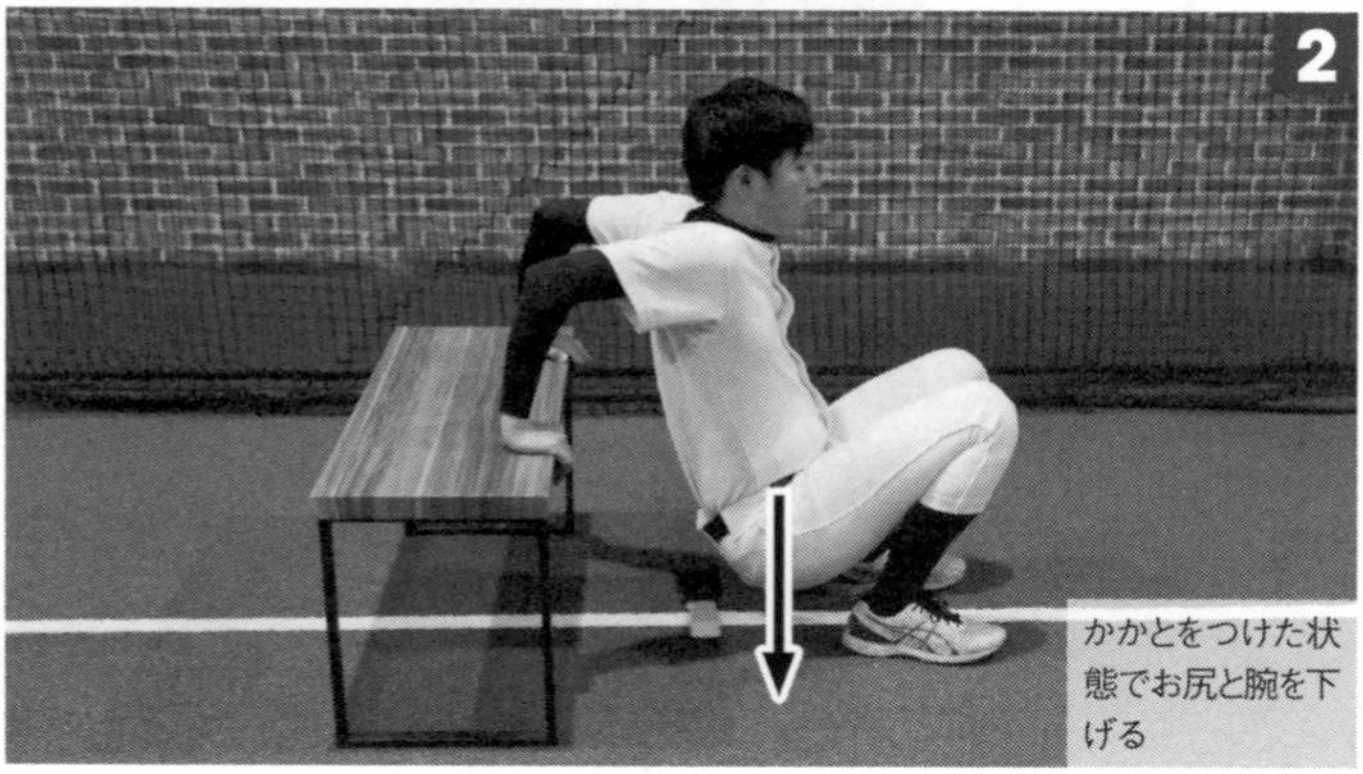

かかとをつけた状態でお尻と腕を下げる

これまでのエクササイズは前方向に対しての力の発揮や、肘や肩甲骨の支持が目的でした。ここでは台やイスを使って、肩甲骨を後ろ側に動かすエクササイズを紹介します。

この動きを行うことで、コッキングの際に奥行きが生まれます。奥行きがあるかないかで腕の軌道が変わりますし、後ろ側に動かす機能が落ちればコッキングからフォロースルーまでの動きが変わります（腕やボールの軌道、感覚）。それを防ぐためのエクササイズになります。

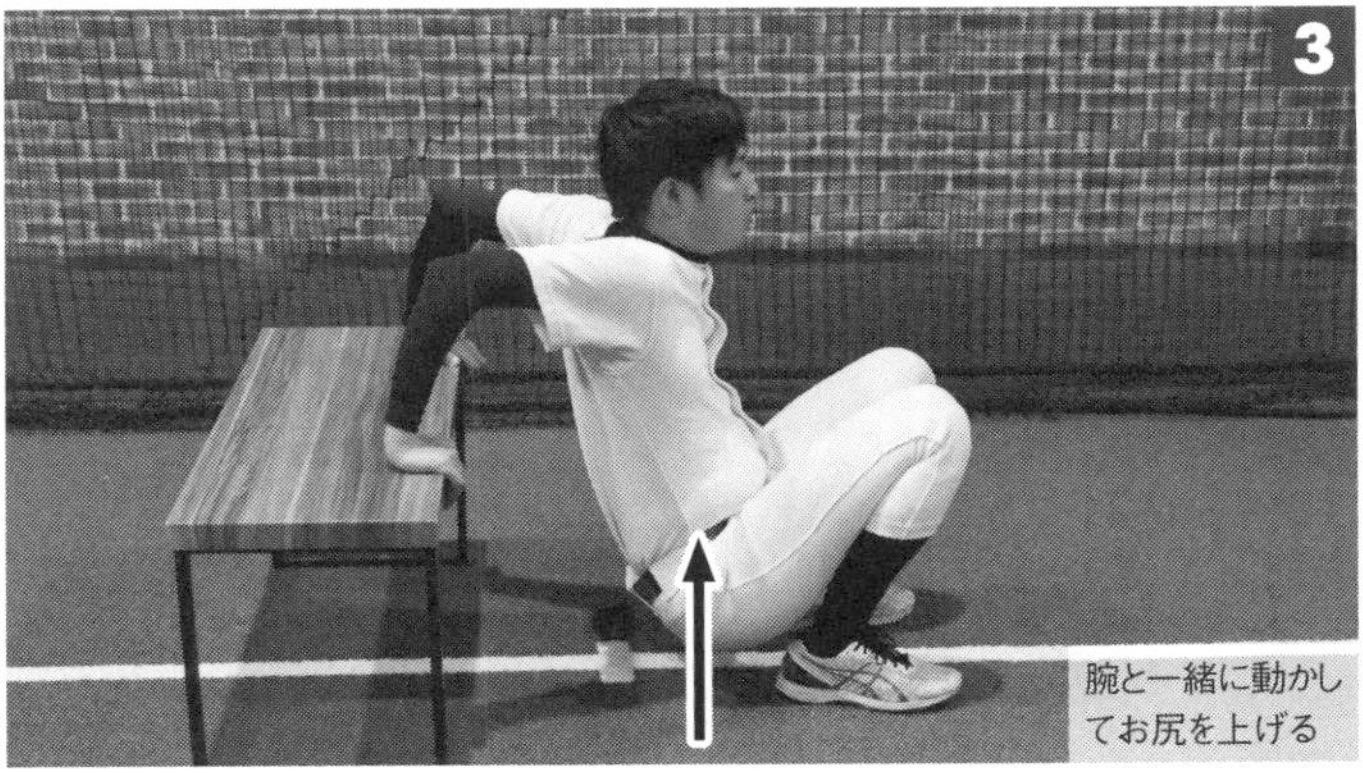
3
腕と一緒に動かしてお尻を上げる

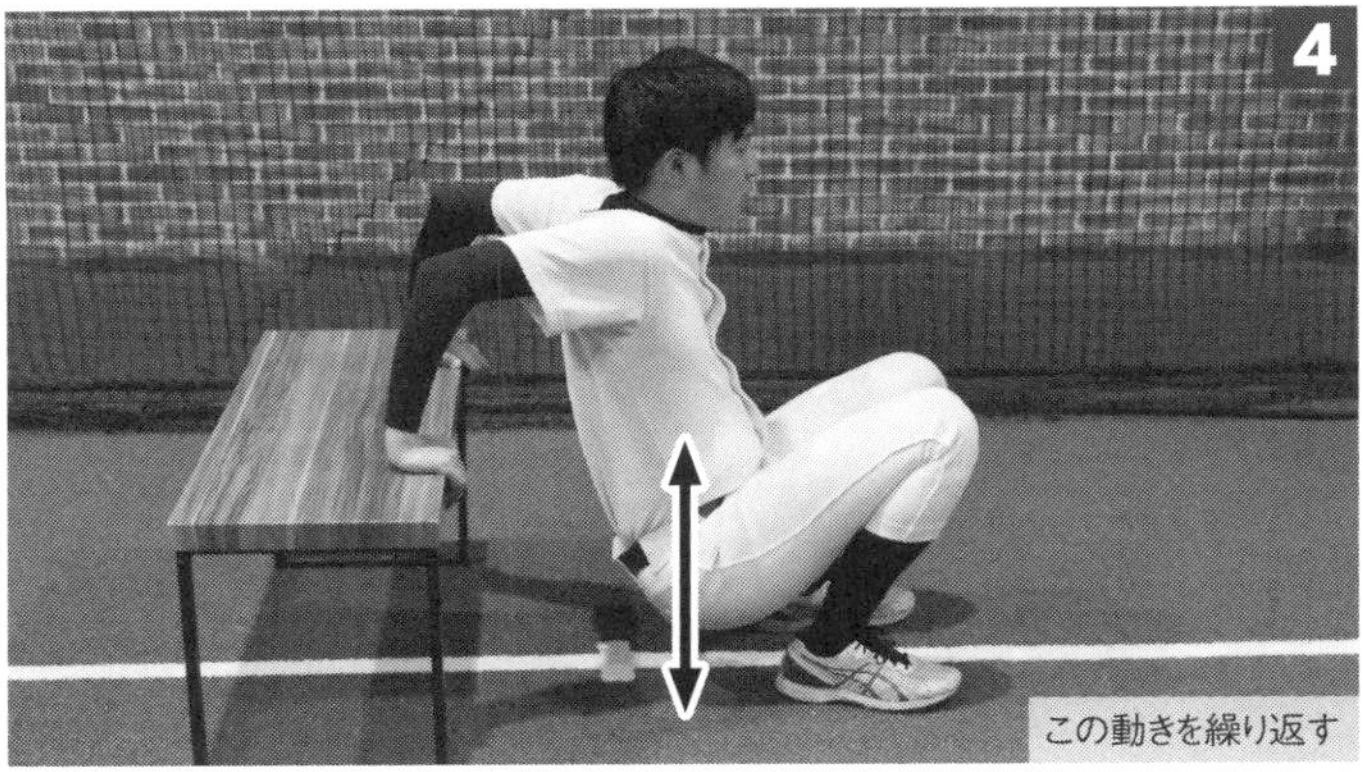
4
この動きを繰り返す

動画はこちら

手のひらと指先を広げてほぐす

日常生活も含めて手指は握ったりつかんだりする動きが多いため、縮こまった状態になりがちです。そのため、指全体や指の間を広げたりもみほぐすことで血行をよくし、手のひらが真っすぐになるようにケアすることが大切です。

1
反対側の手で指全体を押してしならせる

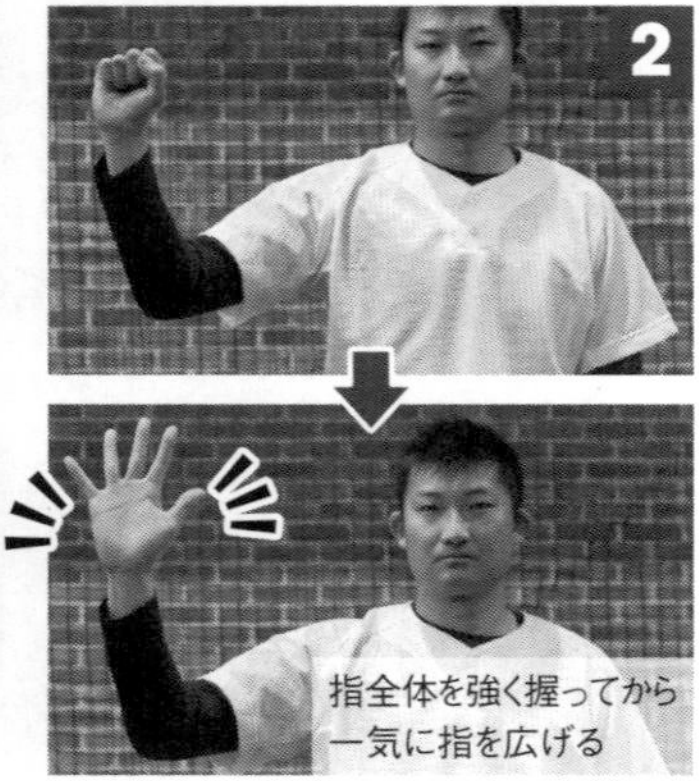
2
指全体を強く握ってから一気に指を広げる

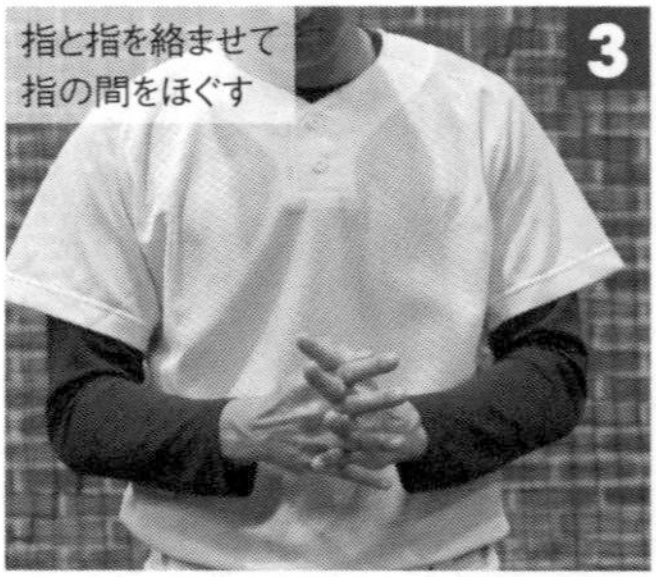
3
指と指を絡ませて指の間をほぐす

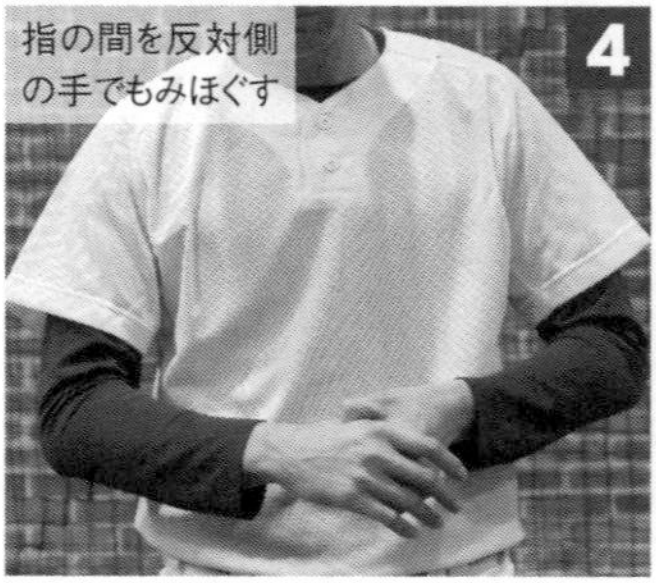
4
指の間を反対側の手でもみほぐす

ストレッチ&ケア MEMO

効果と目的 指や手のひらの血行をよくする・手のひらを真っすぐにする

目安の時間 各30秒×2～3セット

使用する道具 なし

ストレッチ&ケア②

動画はこちら

手首を曲げて前腕をほぐす

手指と前腕をほぐすことが目的で、手首を屈曲や伸展させるストレッチです。ある程度ほぐれたら、手を屈曲させた状態でいろいろな方向に動かします。大きく動かしてほぐすことで、肩の外旋や内旋に対しても有効なケアになります。

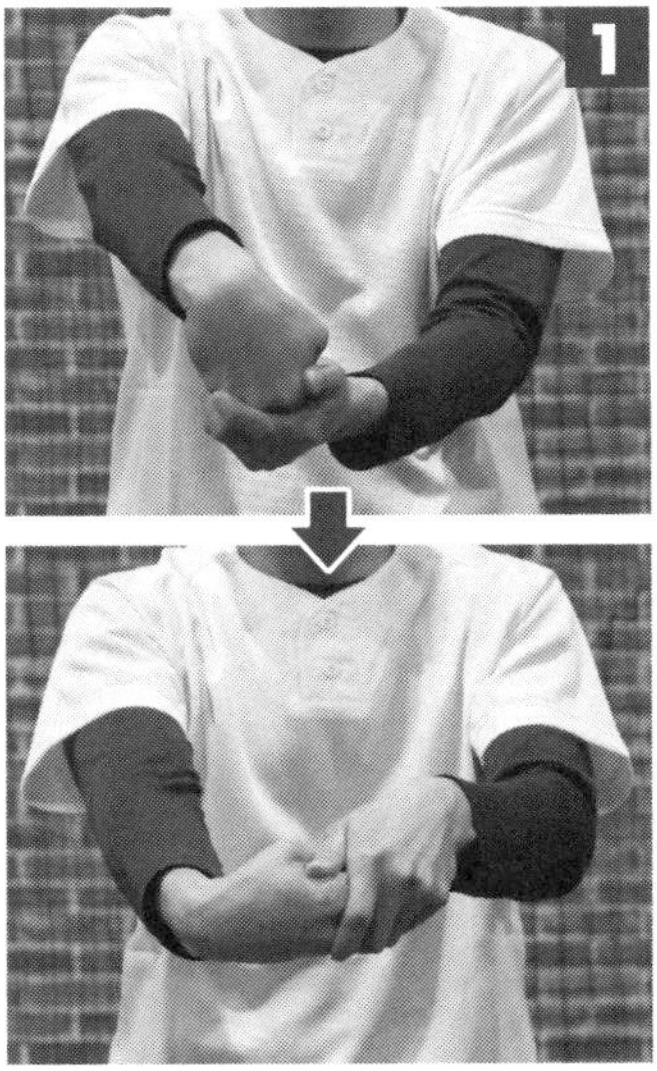

手首を屈曲や伸展させて前腕を中心に伸ばしてほぐす

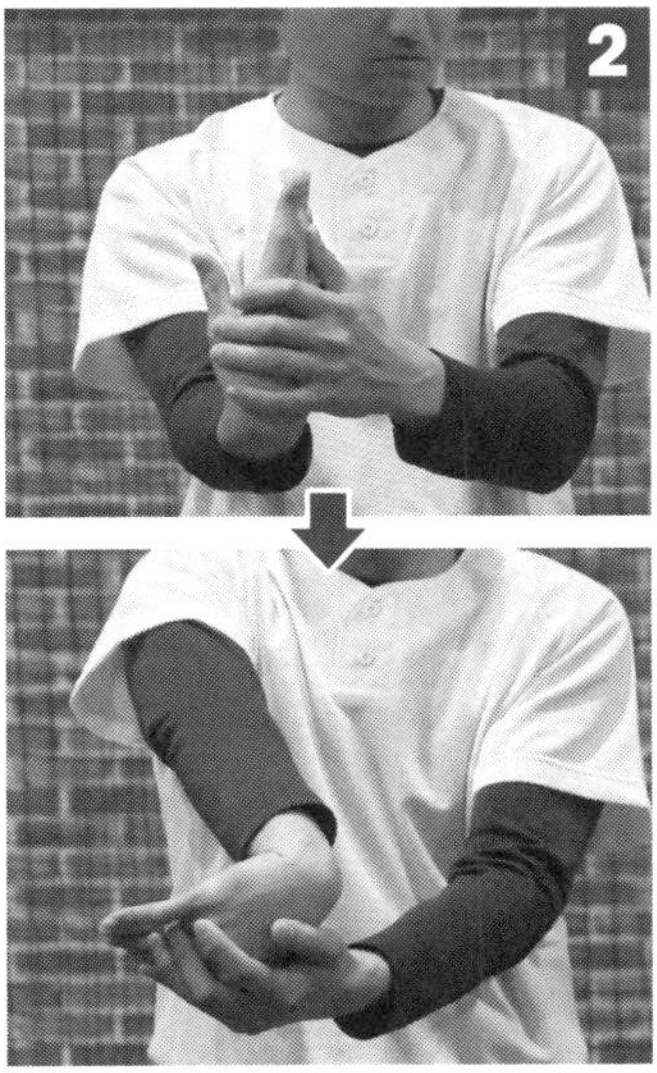

手首を屈曲させた状態でいろいろな方向に動かして前腕をほぐす

ストレッチ&ケアMEMO

効果と目的 前腕を中心とした腕全体をほぐす

目安の時間 各1分間×2～3セット

使用する道具 なし

※肘に痛みがある場合は行わない

動画はこちら

チューブを引きつけて肩周りのコンディショニング

肩や肩甲骨のコンディショニングで、後方を刺激することにより、肩のポジションの補正をすることが目的です。チューブを用いて腕を伸ばした状態から外旋・回外させる動きと、肩甲骨を使ってチューブを引きつけることで、身体の後ろ側に刺激を与えて使えるようにします。

フォロースルーの逆モーションで腕を外旋・回外させてチューブを引きつける

より大きく肩甲骨を使って、引きつける動きを繰り返すことで血行の循環をよくする

ストレッチ＆ケア MEMO

効果と目的 肩周りや肩甲骨のコンディショニング・胸郭との協調性や肩甲骨の操作性の向上。チューブの負荷を変えることによってトレーニングにもなる

目安の回数 各10〜20回×2〜3セット

使用する道具 チューブ

ストレッチ&ケア④

動画はこちら

バランスボール上で肩甲骨ほぐし

肩甲骨、背中の後方に対してのケアになります。バランスボールにうつ伏せになり、腕ではなく肩甲骨主導で腕を操作します。腕を動かすときに背中が反らないように注意してください。

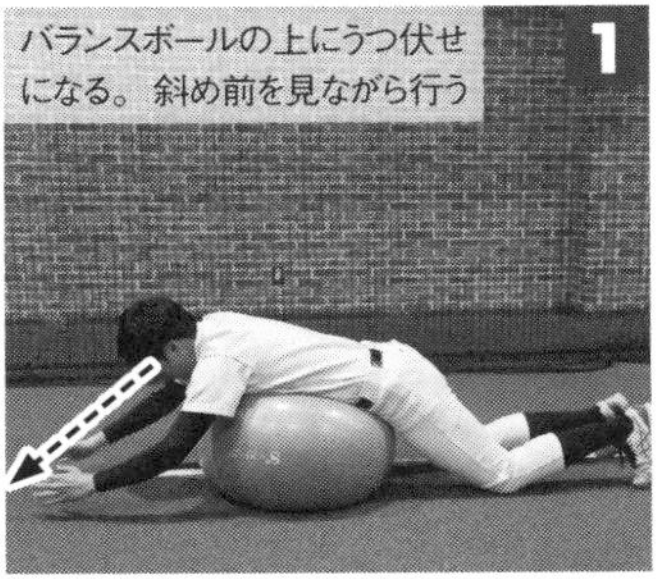
1
バランスボールの上にうつ伏せになる。斜め前を見ながら行う

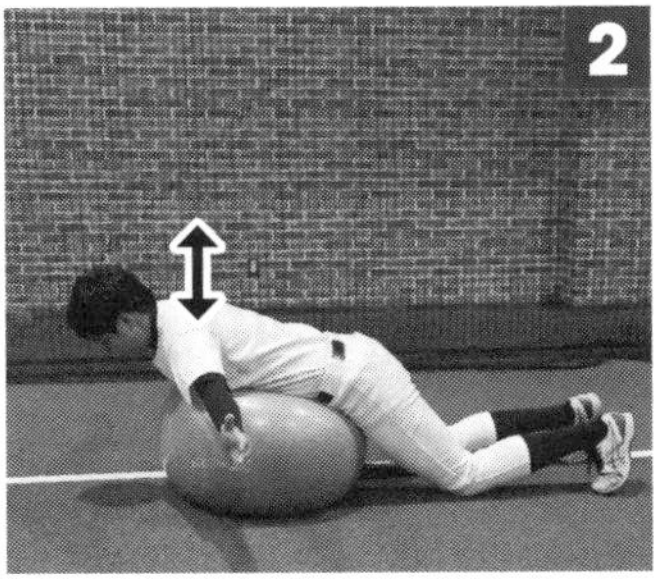
2

3

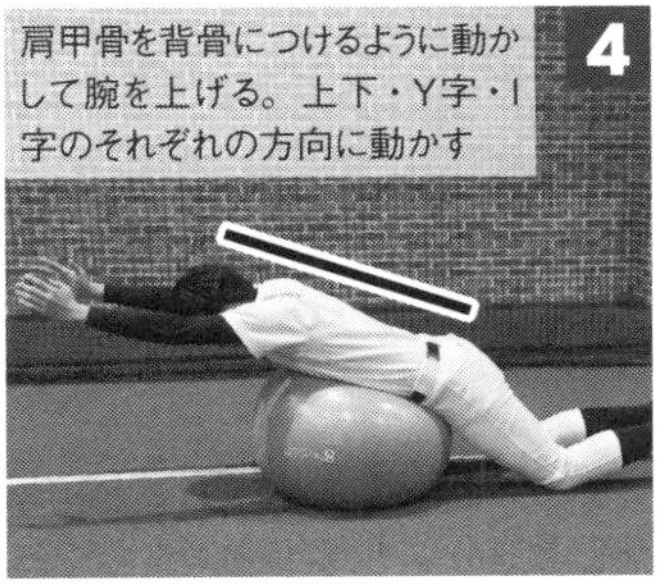
4
肩甲骨を背骨につけるように動かして腕を上げる。上下・Y字・I字のそれぞれの方向に動かす

ストレッチ&ケア MEMO

効果と目的 肩甲骨や身体の後ろ側のケア

目安の回数 各ポジション6～10回×2～3セット

使用する道具 バランスボール

ストレッチ&ケア⑤

動画はこちら

バランスボール&床で体側伸ばし

胸郭から脇の下、体側、腹部を伸ばすストレッチです。まずはバランスボールの上に上体を乗せ、下方向に体重を乗せて伸ばします。続いて床に両肘を突き、頭の後ろで手を組んで、伸ばす部位を外側に広げるイメージで下方向に体重を乗せます。

バランスボールの上に上体を乗せ、下方向に体重を乗せる。胸郭や両腕のつけ根の下、体側や腹部の伸びが感じられる

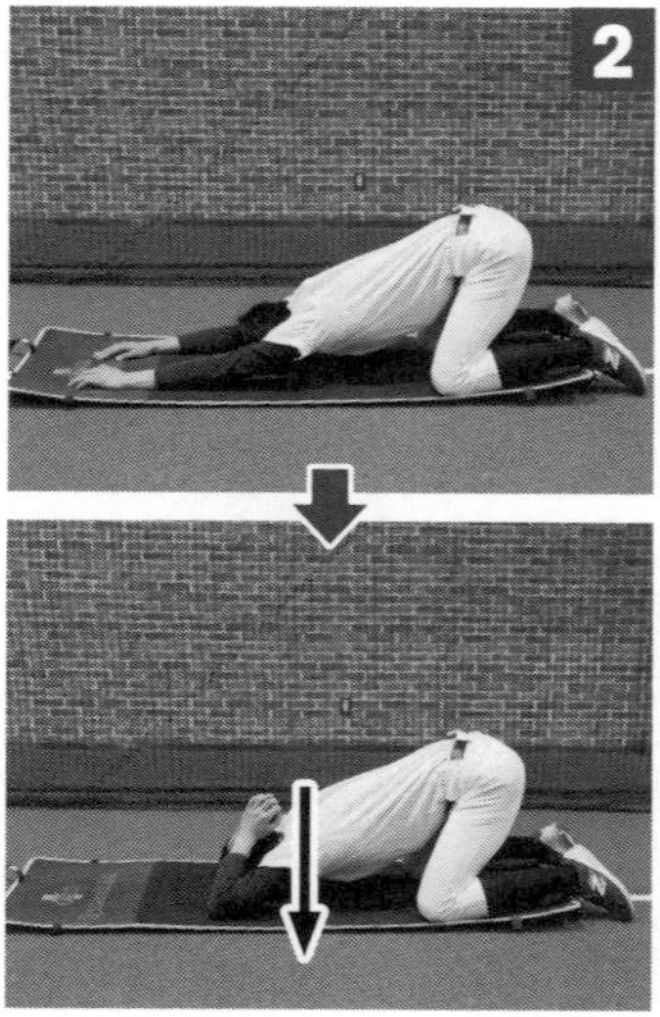

床に両肘を乗せてから頭の後ろで手を組む。身体を開くようなイメージで体重を乗せ、体側を中心に伸ばす

ストレッチ&ケア MEMO

効果と目的 胸郭や両腕のつけ根の下（腋の下）、体側や腹部のストレッチ

目安の時間 各30秒×2～3セット

使用する道具 バランスボール

※肩に痛みがある場合は行わない

ストレッチ&ケア⑥

動画はこちら

肩甲骨を立てた状態でバランスボール回し

投球によって使われた肩甲骨や胸郭周りに対するコンディショニングです。バランスボールや棒などを頭上で持って肩甲骨が立った状態を作り、同時に肩甲骨主動で腕を左右に倒したり、頭上で円を描くように回します。

肩甲骨を立てた状態でバランスボールを持ち上げる

両膝を床につけて頭上でボールを左右に動かしたり回したりする

投球時の前脚を前に出して頭上でボールを左右に動かしたり回したりする

ストレッチ&ケアMEMO

効果と目的 前に出た肩甲骨を元に戻す（5キロ程度の大きめのプレート、もしくは3～4キロのメディシンボールを使うことで、肩甲骨周りのトレーニングにもなる）

目安の回数 【左右】5往復 /【回し】時計回り・反時計回り5回ずつ

使用する道具 バランスボール

動画はこちら

身体の下に置いた肩に体重をかけてストレッチ

投球によって硬くなった肩の後方の筋群や肩甲骨をほぐすストレッチです。腕を反対側の脇の下に通すようにして肩に体重をかけます。ただし100%の体重を乗せると肩の組織を痛めるため、60〜70%程度の体重を乗せるようにしてください。

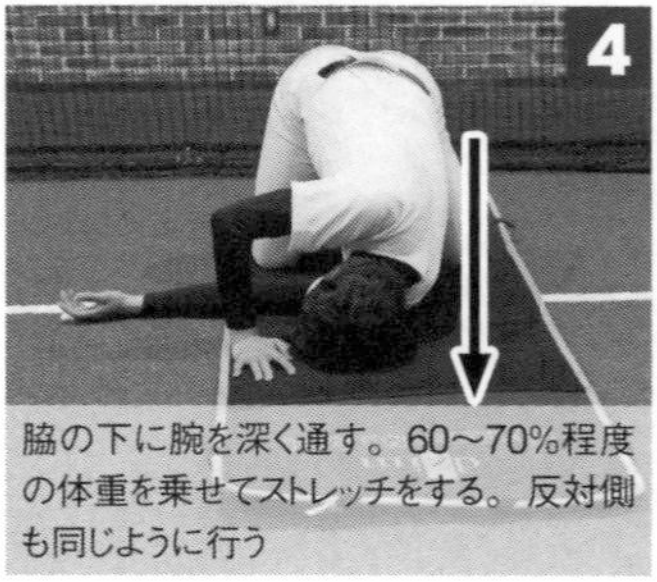

脇の下に腕を深く通す。60〜70%程度の体重を乗せてストレッチをする。反対側も同じように行う

ストレッチ&ケアMEMO

効果と目的 肩の骨周りの筋群や肩甲骨をほぐす

目安の時間 左右20〜30秒×2〜3セット

使用する道具 なし

※肩に痛みがある場合は行わない

ストレッチ&ケア⑧

動画はこちら

後頭部を床に押しつけながら腕の操作

肩甲骨周りが前に出ると首が前に出やすくなり、肩甲骨の動きがより制限されてしまいます。それを元に戻すためのケアです。首から背中にかけて緊張をかけた状態で腕を動かします。また、後頭部と両肘の3点で支えて後ろ側に緊張をかけるようにします。

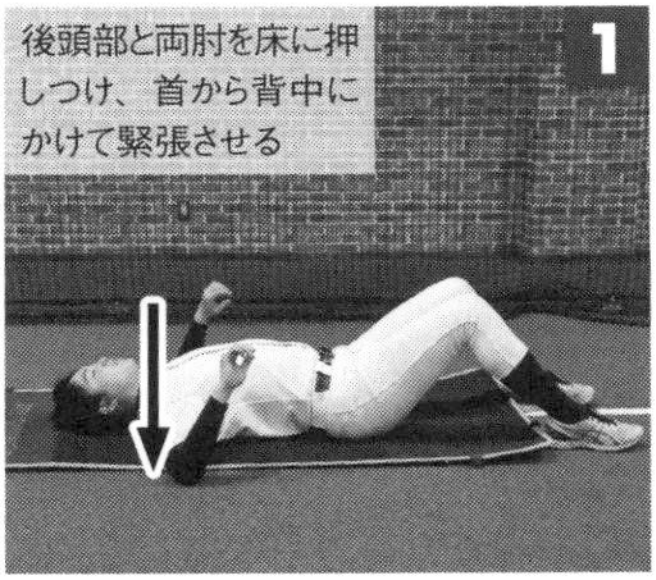
1
後頭部と両肘を床に押しつけ、首から背中にかけて緊張させる

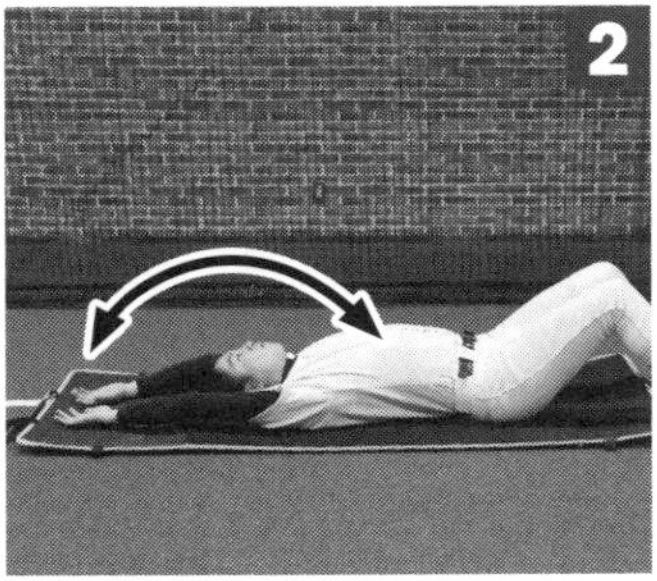
2

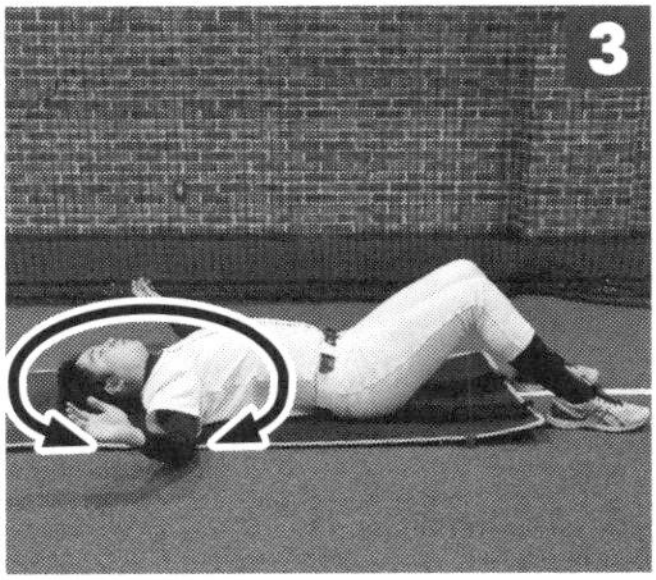
3

4
後頭部を床に押しつけ、緊張した状態から肩甲骨主動で腕を様々な方向に回す

ストレッチ&ケアMEMO

効果と目的 首周りや胸周りを中心とした身体の後ろ側のストレッチ

目安の時間 各20〜30秒×2〜3セット

使用する道具 なし

※肩に痛みがある場合は行わない

動画はこちら

頭の後ろで手を組んで後ろに力を加える

投球によって前方変位になりがちな肩甲骨のポジションを戻すストレッチです。頭の後ろで手を組んで体側と肘を真っすぐにし、手の方向へ頭で抵抗をかけながら胸を開きます。この姿勢をキープすることで首の筋肉や胸周り、背面の血行を促進することができます。

頭の後ろで手を組み、できるだけ体側と肘を真っすぐにする。頭で手を後ろに押しながら胸を開き、その姿勢をキープする

ストレッチ&ケア MEMO

効果と目的 首の筋肉や胸周り、背面の血行をよくする

目安の時間 5〜10秒×2〜3セット

使用する道具 なし

ストレッチ&ケア⑩

動画はこちら

バランスボール上で胸郭周りと背面伸ばし

肩の自由度を作りつつ胸郭が丸まった状態でいろいろな方向にストレッチをかけます。続いて横向きになり、肩周りと広背筋から腰にかけて広くストレッチしていきます。この動きがしなり（胸郭・肩甲骨から腕の可動性）につながります。

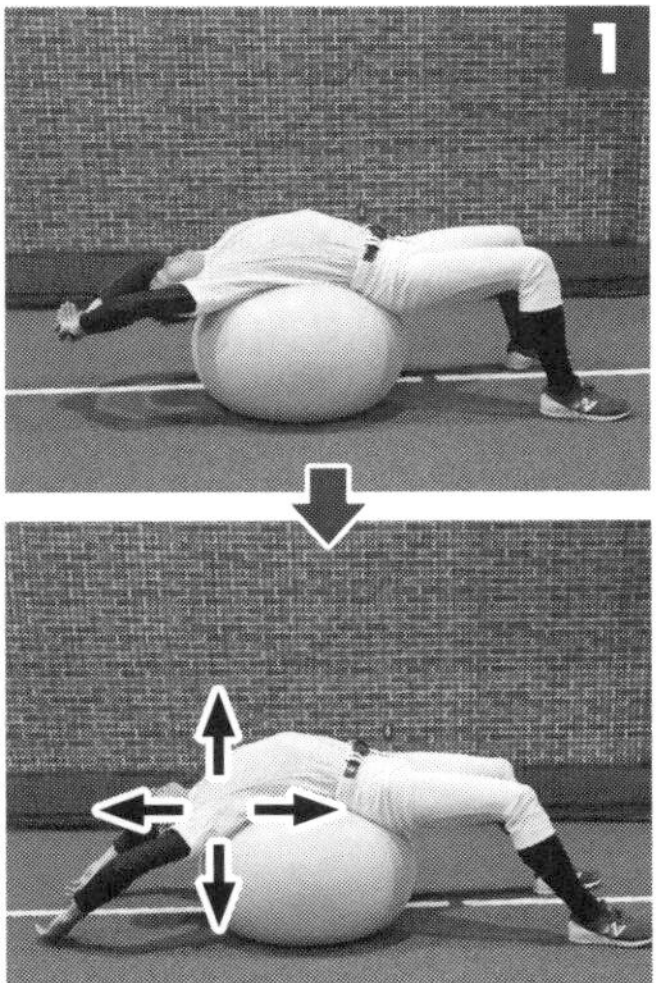

上体をバランスボールに乗せて胸郭を丸める。肩が自由に動く状態にして、いろいろな方向にストレッチをかける

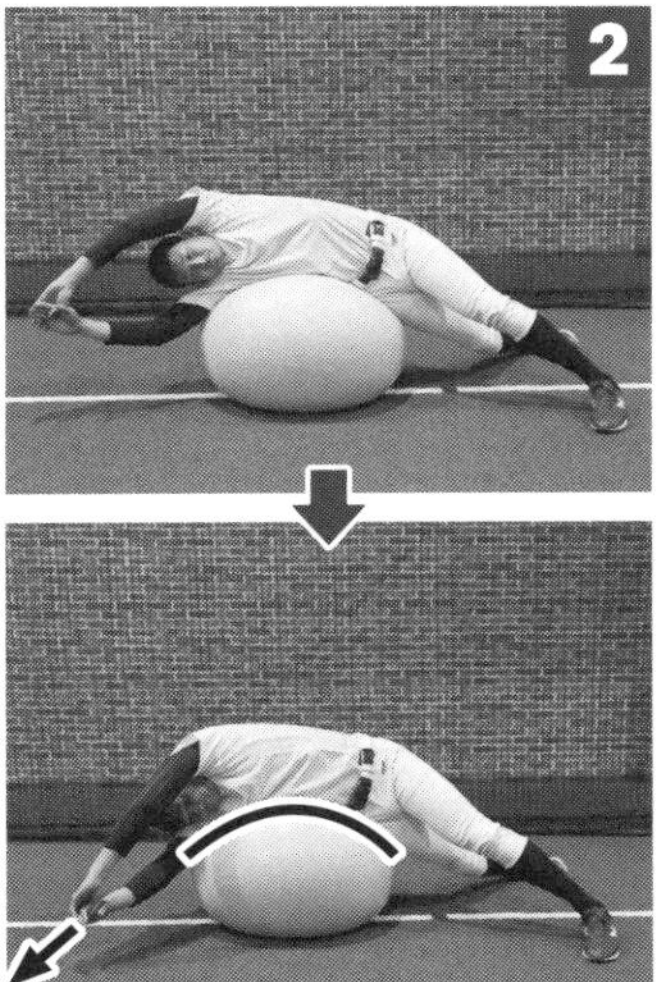

横向きになりバランスボールに体側を乗せる。体側に最もストレッチを感じられる方向に腕を伸ばすことが重要

ストレッチ&ケアMEMO

効果と目的 胸郭と肩周り、体側全体をほぐす

目安の回数 各30秒〜1分間×2〜3セット

使用する道具 バランスボール

おわりに

epilogue

2021年、川村卓先生とタッグを組んで「ストレートの秘密」を出版した際には、自分の考え方や取り組みを文章化すること、伝えることの難しさを痛感しました。

今回、本書の依頼を頂いた際、川村先生とまず話したことは「ストレート以上に変化球をテーマに語るのは非常に難しいな……。どうする？」でした。なぜならば、変化球はストレート以上に個人差があり（各人の技術的・感覚的要素が大きい）、その感性や操作のコツは千差万別になるからです。

とは言え、身体を駆使してボールを投げることに違いはありません。私たちは、それぞれの見地や分野から一つひとつを紐解いていき、改めて本質を突き詰めました。そして、現象や傾向の解説から「どうしたらよいか」いう対応策まで派生させています。

この取り組みができた背景には、これまで多くの選手を通じて得た経験知と、身体の基礎理論を大切にしていることが挙げられます。また、川村先生は研究者としての見解だけでなく現場での指導を通じて、私はトレーナーとして、選手を観察し、コミュニケーションを通じて「共有・共感」することを積み重ねた結果ともいえます。つまり私たちが昔から大切にしている「理論（研究）と実践（現場）の両輪を大切にする：真の現場力」の結晶といえるかもしれません。そうして完成した本書が、選手の皆さんや指導者の方々が日々疑問に感じていることに対する気付き、対応策の一助になれば幸甚です。

本書では、私たちの専門分野に基づいたドリルやエクササイズもご紹介しています。実践していただく場合には、その取り組みを通じて「どのように体感・実感したか」、そして継続していくなかで「パフォーマンスがどのような変化を与えてきたか」を感じることが重要です。この作業の反復によって「感覚の引き出し」が増えていきますので、その感覚を大切にしながら取り組んでください、

最後に「ストレートの秘密」に続き、今回の企画立案・編集をしていただいた株式会社Ski-estの佐藤紀隆様、発売元である日東書院本社様に感謝を申し上げて結びたいと思います。

アスレティックトレーナー　**井脇 毅**

著者プロフィール

川村 卓（かわむら・たかし）

1970年生まれ。筑波大学体育系准教授・博士（コーチング学）。筑波大学硬式野球部監督。全日本大学野球連盟監督会幹事、首都大学野球連盟常務理事。札幌開成高校時代には主将・外野手として夏の甲子園大会に出場する。また筑波大学時代も主将として活躍。筑波大学大学院修士課程を経た後、北海道の公立高校で4年半、監督を経験する。その後2000年12月に筑波大学硬式野球部監督に就任。18年明治神宮大会出場を果たす。主にスポーツ選手の動作解析の研究を行っている。主な著書に『「次の一球は？」野球脳を鍛える配球問題集』『ストレートの秘密』（辰巳出版）、『最新科学が教える！ピッチング技術』『最新科学が教える！バッティング技術』『最新科学が教える！キャッチャーの科学』（共にエクシア出版）、などがある。

井脇 毅（いわき・たけし）

1970年生まれ。鍼灸按摩指圧マッサージ師、（公財）日本スポーツ協会公認アスレティックトレーナー。北海道苫小牧東高校から筑波大学体育専門学群（硬式野球部に所属）、同大学院修士課程体育研究科修了。小守スポーツマッサージ療院を経て、現在は井脇アスリートコンディショニング代表を務める。工藤公康氏をはじめとするプロ野球選手のパーソナルトレーナー、西武ライオンズトレーナー、車いすテニス国枝慎吾選手、リオパラリンピック日本代表トレーナー、プロゴルファー片山晋呉選手など歴任。現在は田澤純一投手のパーソナルトレーナーを務めながら中学、高校、大学野球部でコンディションの指導を行う。主な著書に『ストレートの秘密』（辰巳出版）がある。

●モデル	河崎達成 早津寛史
●企画・編集・構成	佐藤紀隆（株式会社Ski-est）稲見紫織（株式会社Ski-est）
●デザイン	三國創市（株式会社多聞堂）
●写真	眞嶋和隆
●イラスト	遠藤 真由美
●制作協力	株式会社Rapsodo Japan

変化球を科学する「曲がるボール」のメカニズム

2023年7月1日　初版第1刷発行
2024年7月5日　初版第3刷発行

著　者　川村　卓
　　　　井脇　毅
発行者　廣瀬和二
発行所　株式会社日東書院本社
〒113-0033 東京都文京区本郷1丁目33－13 春日町ビル5F
phone 03-5931-5930（代表） fax 03-6386-3087（販売部）
URL http://www.TG-NET.co.jp

印刷・製本所　中央精版印刷株式会社

ISBN 978-4-528-02408-3 C2075